ARY SCHEFFER – OIL PORTRAIT – 1847

アリー・シェッファー画　ショパンの肖像（油彩画）　1847年

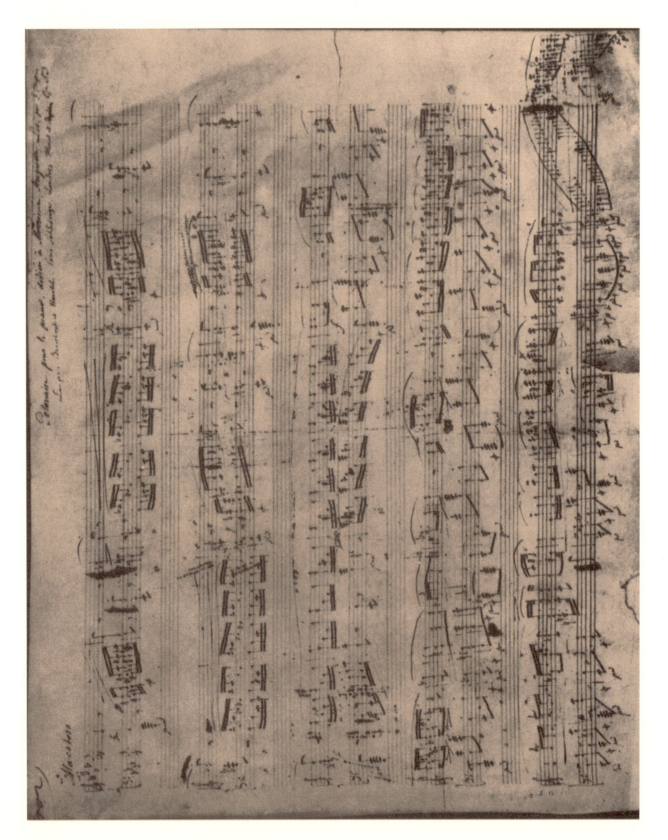

AUTOGRAPH OF THE POLONAISE IN A FLAT MAJOR OP.53 (BEGINNING)
ポロネーズ 変イ長調 作品53 の自筆譜（冒頭）

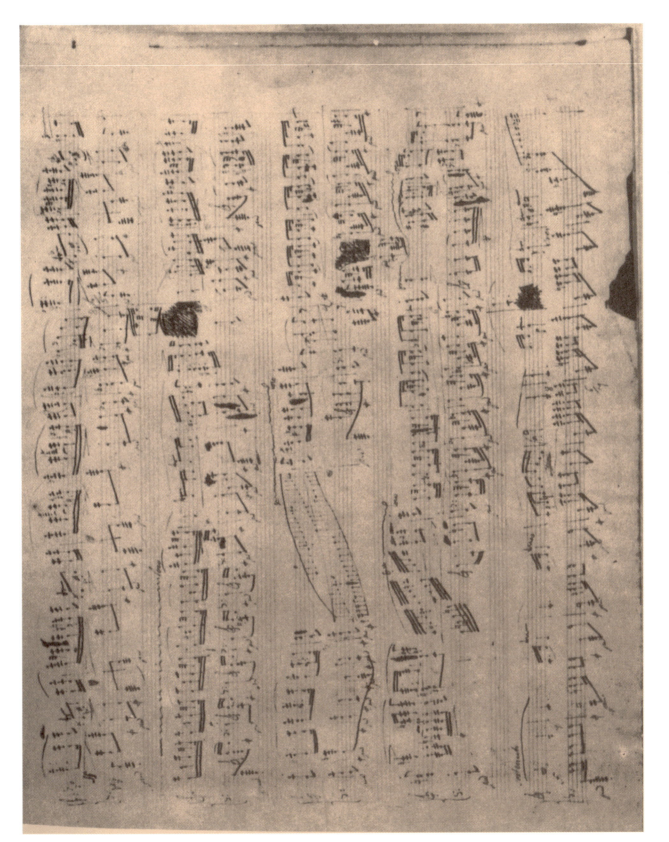

AUTOGRAPH OF THE POLONAISE IN A FLAT MAJOR OP.53 (BARS 33-64)
ポロネーズ 変イ長調 作品53 の自筆譜 (第33—64小節)

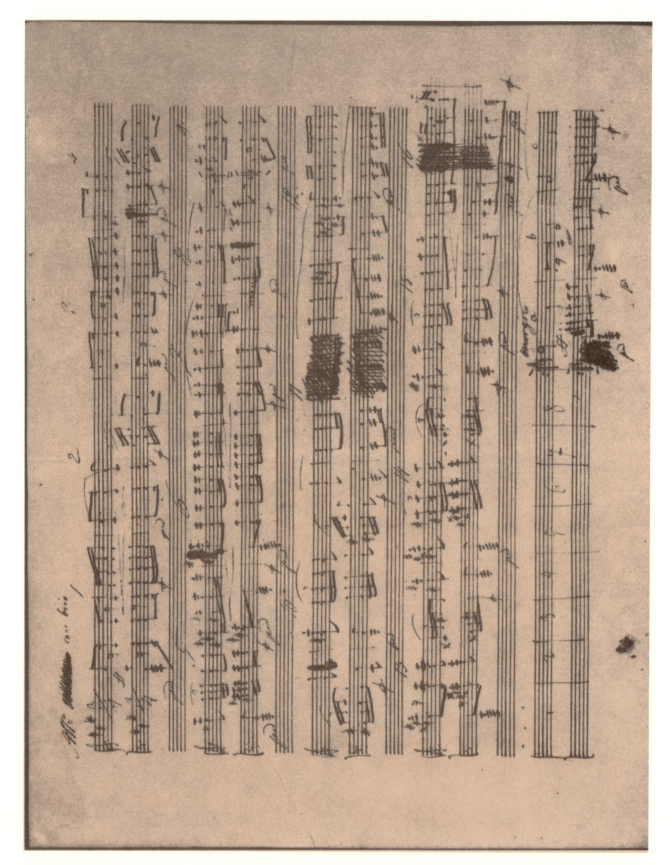

AUTOGRAPH OF THE POLONAISE IN A MAJOR OP. 40 No. 1 (BEGINNING)
ポロネーズ イ長調 作品40—1 の自筆譜（冒頭）

FRYDERYK CHOPIN
DZIEŁA WSZYSTKIE

VIII

POLONEZY

NA FORTEPIAN

フリデリク・ショパン
ポロネーズ

REDAKCJA
IGNACY J. PADEREWSKI
WSPÓŁUDZIAŁ
LUDWIK BRONARSKI / JÓZEF TURCZYŃSKI

編 集
イグナツィ・ヤン・パデレフスキ
ルドヴィク・ブロナルスキ
ユゼフ・トゥルチヌスキ

WEDŁUG
AUTOGRAFÓW I PIERWSZYCH WYDAŃ
自筆譜と初版に基づく

INSTYTUT FRYDERYKA CHOPINA
POLSKIE WYDAWNICTWO MUZYCZNE
公益財団法人ジェスク音楽文化振興会

COPYRIGHT 1951
BY INSTYTUT FRYDERYKA CHOPINA
WARSAW, POLAND
IFC 2 PWM 237

Japanese edition (1989) by Arts Publishing, Japan
株式会社アーツ出版による日本版(1989)

POLONAISES

A son ami J. Dessauer

DEUX POLONAISES

FR. CHOPIN
Op. 26 Nr 1

14

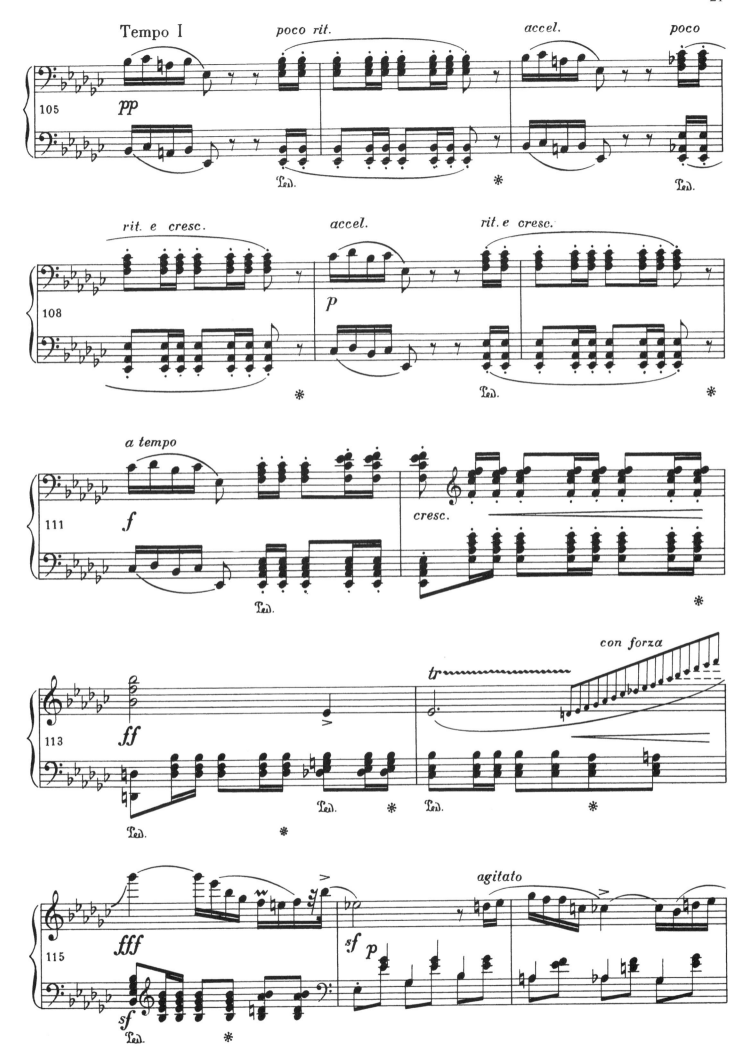

A Monsieur Jules Fontana

DEUX POLONAISES

Op. 40 Nr 1

Allegro con brio

A Monsieur Auguste Léo

POLONAISE

Op. 53

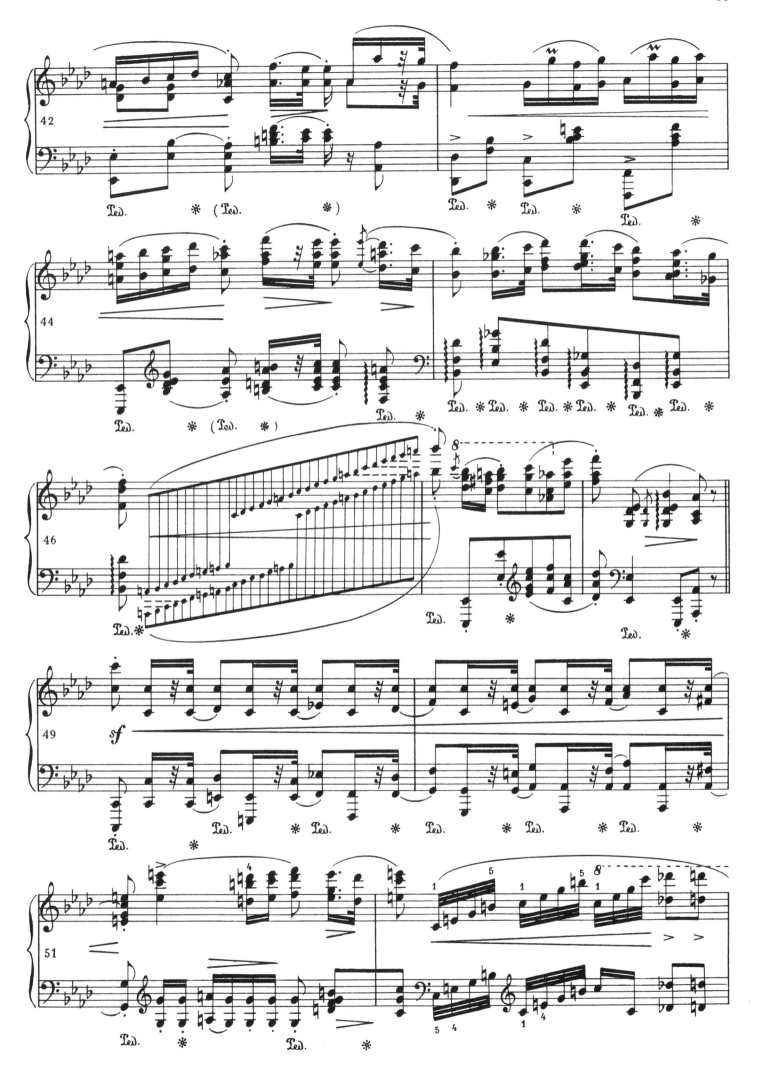

A Madame A. Veyret

POLONAISE–FANTAISIE

Op. 61

TROIS POLONAISES

(Oeuvres posthumes)

Op 71 Nr 1

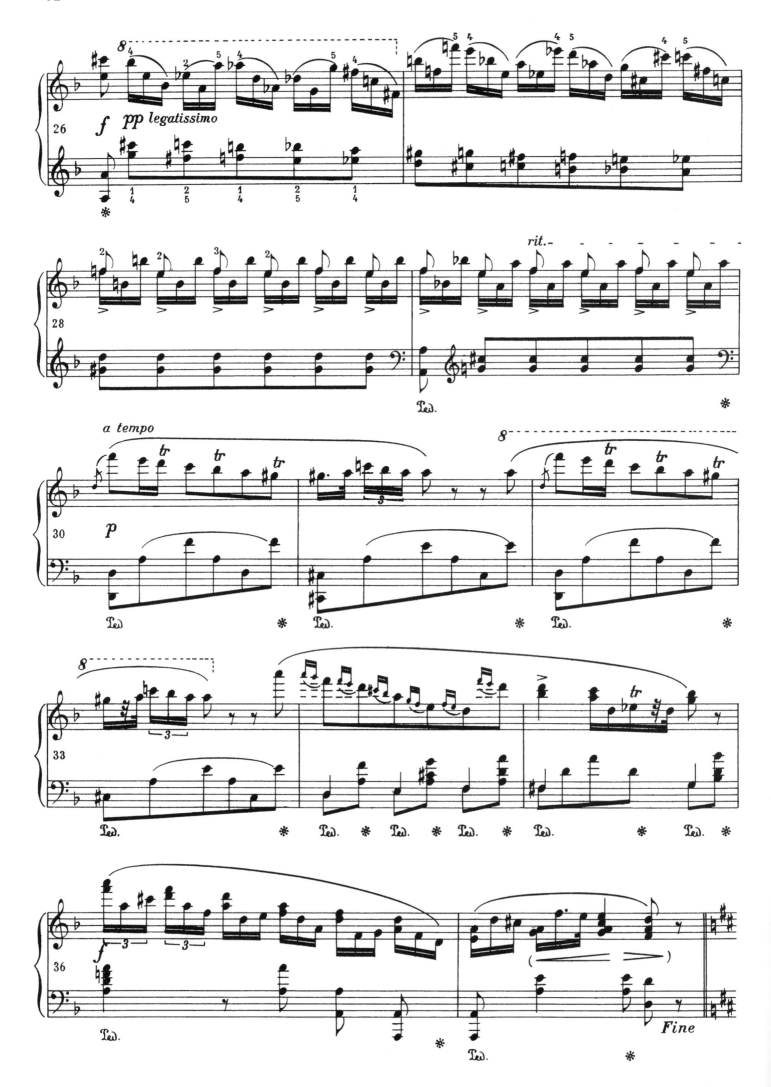

D. C. senza repetizione sin' al Fine

D.C. senza repetizione sin' al Fine

POLONAISE

(Oeuvre posthume)

POLONAISE

(Oeuvre posthume)

A Guillaume Kolberg
Adieu!

POLONAISE

TRIO
Do widzenia! (według arii z opery „Sroka złodziej" Rossiniego) *Au revoir!* (D'après un air de «La Gazza ladra»)

POLONAISE

[Maestoso] (Oeuvre posthume)

この版の特徴について

編集委員会の主要な目的は，ショパンの考えを最も適確に表現した楽譜を作ることであった。そのため，この版は，特に，ショパンの手稿譜，彼が認めた筆写譜，そしていくつかの初版を元にしている。編集委員会は，手稿譜がたとえ初版の基礎となっていたにしても，それは必ずしも作品の決定版とはならない，という事実を常に考慮した。ショパンは，最後の最後まで自作の細部に手を入れていた。これは，当時の人の証言だけではなく，初版と手稿譜を比べたときに確認できる相違点，更に，製譜者の間違いや出版社の勝手な書き込みとは考えられない相違点からも明らかである。もちろん，手稿譜は，ショパンの作品の楽譜を編集する場合には，常に重要な資料である。手稿譜の発見と研究にはかなり努力を重ねてはきたが，常にそれが可能とは限らなかった。そのため編集委員会は，最近の版も，比較検討の資料として利用した。

異形があるところ，あるいは，どちらの版が正しいか，どちらの版がショパンの最終的決定を示したものか，はっきりと判断できないところ，そしてまた，旋律，リズム，和声の細部について疑問が生じたところには，注解のなかで，厳密で正確な注釈を付けておいた。

強弱やアゴーギクの記号は，手稿譜と初版から再録した。時には，これらの記号を，まったく同一形か，あるいは類似した箇所にも補足しておいた。その他の補足はかっこを付けて表示した。ショパン自身が付けた指使いは，手稿譜や初版でもごく僅かしか見られないが，注解で明確に記しておいた。

ペダル使用の記号については，編集委員会は，原則として，手稿譜と初版に基づいて付けておいた。現在のピアノの音はかなり強烈なので，修正が必要な場合，あるいは，正確な繰返しや類似した箇所を比較したときに辻褄が合わない場合，更に，間違いや不正確なため修正と補足が必要な場合には，僅かな修正をしておいた。ショパンのペダル用法は概して注意深く正確である。また，多くの場合，きわめて洗練されており，まったく新しいピアノ的な響きの効果を作り出している（例えば，幻想ポロネーズの冒頭）。ショパンがいくつかの箇所でペダル記号を書かなかったのは，そこでペダルを使用するのが当然で明白な場合，あるいは，これとはまったく逆に，微妙な箇所なので，表示するときわめて複雑になってしまう場合である。ともあれ，ペダル用法は，大変微妙で個性的なものであり，その作品を弾く楽器，打鍵のしかた，速度，その部屋の音響状態などさまざまな要因に左右される。したがって，編集委員会は，原資料にあるようなペダル用法を残しておくことが最良だと考えた。これはこの版に適用した原則にも一致している。

フレージングについては，原則として，ショパンに従ったが，あるパッセージをより良く理解し正しく演奏するため，時にはスラーに修正を加えることもあった。というのは，ショパンの手稿譜のスラーは，それほど厳密で正確に記されていないうえ，初版

でもそれぞれ異なっているからである。

音符の配置や外観についても，編集者は，原資料とはやや異なった修正を加えた。ショパンの見落しや脱落（特に変化記号）を補足しただけではなく，和音の記譜もきちんと書いておいた。更に，音符の配置も変更したが，これは音楽をはっきりと視覚的に捉えるのに役立ち，作曲家の意図を理解する手助けにもなる。また，演奏家がためらったり，自信を失ったり，誤解するようなこともなくなってくる。しかし，ここで編集者は，手稿譜や初版の記譜法からできる限り離れないように努力し，従来のショパンの楽譜編集者たちが，しばしば陥った誇張を避けるようにした。そのため，また，類似したパッセージの異形もそのまま残しておいた。ショパンの場合，このような異形は記譜のしかただけでなく，音楽の内容にも結びついて現われている。とにかく，ショパンの記譜法に加えた重要な修正は，すべて，注解のなかで，それぞれ詳細に触れておいた。

その他いくつかの特別な注意。

装飾音については，ショパン自身の記譜法を残しておいた。ある装飾音が手稿譜と初版で異なった形であらわれている場合には，注解で示しておいた。ある装飾音の奏法に疑問が生じた場合は，最も適切と認められている奏法を注解で提示した。

何よりも困難な問題は，トリルの始め方である。この点については，次の原則を守る必要がある。

1）トリルの主要音符が上からの前打音に先行されていたり： ，あるいは一連の先行する前打音の最後の音が主要音符よりも2度高い場合： ，トリルは常に上からの音で始める。したがって： など。特に次のようなトリルでは： ，最初の主要音符をくり返さないよう注意すること。次のような奏法： は間違っている。この誤りを避けるため，多くの出版社では，このようなトリルの記譜にあたり，常に上からの前打音を加えている： 。

2）トリルの主要音符が同音の前打音に先行されている場合： ，トリルはいつも主要音符から始める： など。決して次のように弾いてはならない： など。

3）トリルの記譜に前打音がない場合には，疑問が生じるだろう。J. P. ダンは，彼の著書「フレデリック・ショパンの作品における装飾法」（J. P. Dunn, "Ornamentation in the Works of Fred. Chopin" London 1921, s. 1）のなかで，このような場合は，ふつうトリルは主要音符から始める，としている（つまり，次のような記譜と同じである。: ）。

この原則は，トリルは常に上の音，つまり補助音から始める，というはっきりとした見解と矛盾するが，ショパンは，時にはトリルを，主要音符と同じ高さの前打音を付けて記譜することもあり，また逆に，これと同じような箇所でも前打音を省くことがあっ

た，という事実も確認されている。例えば，ソナタ ロ短調 第一楽章の自筆譜では，第52小節のトリルには前打音がなく，再現部の同様のトリルには，主要音符のほかに同じ高さの前打音が付いている。二度目のトリルを最初のトリルと違うように弾くべきだと考える根拠はまったくない。

ダンは，更に，主要音符と同音の前打音が記されていないトリルについては，旋律線を傷つけなければ，場合によっては上の音から始めてもよい，と付記している（前掲書24ページ）。何か疑わしい場合は，トリルはその先行音とできるだけ美しく滑らかにつながるようにすること，従って，例えば，欠けている音は補い，あるいは，前出の1)と2)でも述べたように，主要音符をくり返さないよう弾き始めること。一般的にこういう原則をたてることは可能であろう。

4) ショパンは，モルデントの表記を〰ではなく，*tr* という記号を時どき使っているので，そこから問題が生じてくる。バラード 変イ長調 の自筆譜には，第3小節に普通のモルデント記号がみられるが，他方，第39小節の同様の箇所では，ショパンは*tr*記号を用いている（ヴイツィク-ケウプルリアン「ショパンの旋律」Bronisław Wójcik-Keuprulian: "Melodyka Chopina" Lwów 1930, s.56参照）。これは，モルデントはトリルの最も短い形であり，トリルはテンポが速い場合にはしばしばモルデントと同じ形に縮小してしまう，ということからも肯定できよう。*tr*記号がモルデントを意味する場合には，注解で示しておいた。

5) トリルの終わりがはっきり示されていない場合には，トリルは，常に上の音の後で主要音符を弾いたときに終わる。

6) 最後に指摘しておきたいことは，前打音，ターン，トリル，アルペッジョなどのすべての装飾音は，古典的規範に従って演奏すべきだ，ということである。つまり，装飾音の音価は，主要音符の音価から差し引かれる。例えば：  は，あるいは のように演奏する。

パリ音楽院の図書館に保管されているデュボワ夫人の楽譜（ガンシエ；ショパンの想い出 E. Ganche "Dans le souvenir de F. Chopin" Paris 1925, s.205以下参照）には，ショパン自身が自作に書き入れた記号が残っているが，それによると，リズムの面で，ショパンの装飾音の演奏方法について，まったく疑問の余地はない。すなわち，高音部の装飾音の最初の音は，装飾音をもつ主要音符に対応する低音部の音符と同時に弾く。例えばノクターン 作品37-1と，エチュード 作品10-3：

最後の例の 一点嬰ト音 の前打音は，低音部の ホ音 だけでなく，高音部の下の 嬰ト音 とも同時に弾かなくてはならない。

（田村　進・訳）

注　解

1．ポロネーズ　嬰ハ短調　作品26-1

　略号：FE—フランス初版(M. シュレジンガー社M. Schlesinger, パリ，No1929)，GE—ドイツ初版 (ブライトコプフ&ヘルテル社 Breitkopf & Härtel，ライプツィヒ，No.5707)

　[第1小節] FEでは***Appassionato***とだけ指示。

　[第8小節] 左手の最後の音符 一点嬰ト音 はFE，GEとも高音部譜表に書かれている。多分これは右手で弾かれるべきだということを強調するためである。

　[第9—10小節，第21—22小節など] われわれはFE，GEから高音部のスラーを再現した。これらは第46—47小節にもある。

　[第11小節] FEでは前打音の 二点嬰ヘ音 は斜線が入っていない。第23小節でもこれは同様である。しかし，第48小節では斜線が入っている。GEではいつも斜線は入っている。

　[第12小節] FE，GEは左手にスラーはない。第24小節と同じように第49小節は 一点嬰ヘ音 と 一点ホ音 のみにスラーがかかっている。

　[第35—36小節] FE，GEではフレーズのスラーは第35小節で終り，新しいフレーズが第36小節の冒頭から始まる。

　[第42小節] FEでは小節の頭に***f***があり，それに次いで***sf***と指示されている。GEでは***ff***となっている。

　[第51, 83小節] FE，GEではターンは次のように記譜されている。

すなわち中声部でこのターンの前にある 一点ヘ音 にこのターンを結びつけている。しかし，この音は絶対に旋律の中に入りえないのである。さもなければショパンは上声部の第1音を2分音符ではなく，付点4分音符として書いたはずである。そこでわれわれは最近の版にならって，この音符を 一点変イ音 と置きかえ，これを先行する音符とタイで結んだ。ショパンは多分上記の記譜（不適切だが最も簡潔な）を次のことを強調するために用いたのだろう。つまり，ターンはこの小節の中の4番目の8分音符の後ではじめて弾かれるべきで，この8分音符と同時にではないとしたのだ。このことは最初の音を弾かない6連符として理解されるべきことを意味している。

あるいはわれわれはこれを3連符として考えた方がよいと思う。

　[第53小節] FEとGEは前打音を小さな8分音符で書いている。第85小節はFEは前打音を再び8分音符で書いているが，GEはそれと違って16分音符で書いている。

　[第54, 86小節] ターンの記譜については，第51, 83小節の注解と同様である。FEの第86小節ではターンの最後の 二点変ニ音 は次の和音にある 二点変ニ音 にタイで結ばれている。GEにはこのタイがない。第54小節は両版ともこれがない。

　[第66—69小節] FEとGEとも低音のスラーは第66小節の終り迄と，第68小節の 一点変ト音 迄かかっている。これらの両版は第67, 69小節では低音部はモティーフに別なスラーがついている。第66小節から第69小節にかけて和声的には明確でない。これらの4小節は減七の和音に拠っている。これらの小節はひきつづき第70小節から第73小節にかけて半音さげて反復進行的に繰り返されており，明らかにハ短調の性格なので（つまりハ短調の減七の和音VII₇，ロ-ニ-ヘ-変イ音 で書かれていて，この和音は第73小節ではエンハーモニックに変ホ長調の減七の和音VII₇に変わる），変ニ長調で考えるべきである。（このことは先行のパッセージがこの調，変ニ長調で終っているので，こう解釈するのが最も自然である。）そこでこのパッセージの主要和音は ハ-変ホ-変ト-重変ロ音 と書かれねばならない。われわれはFE，GEの記譜を改めて，第66—64小節の高音部の イ音 を 重変ロ音 に変えたが，これは最も合理的な解決と思われる。だがショパンはこの和音をロ短調の減七の和音VII₇と考えていたようである。いずれにせよ彼は イ-ハ-変ホ-変ト音 から ロ-変ニ-ヘ音 への自然な解決で書いている。しかし，第68小節の低音部の5番目の16分音符を イ音 の代りに 重変ロ音 で書いている。

　[第77小節] 最近の版ではこの小節の高音部の冒頭の 二点ハ音 に♭をつけている。これはFE, GE, ミクリMikuli版にはない。ミクリはこの小節の冒頭で，この前の小節でナチュラルをつけていた 一点イ音 に再び♭をつけている。この♭は誤って 二点ハ音 につけられていたということであろう。しかしながらこの 二点変ハ音 は充分ありうることであるということを認めるべきであろう。GEには低声部に***f***がない。FEやミクリ版のこの***f***は多分***sf***の代りに誤ってつけられたものであろう。

　[第79小節] FE，GEはモルデントの上に♭がない。したがってモルデントは 二点変ハ音 でなく 二点ハ音 を弾く。♭は最近の版にのみ見られる。

　[第97小節] トリオの後のポロネーズの主要部分の繰り返しがFE，GEともない。その上両版は，第97小節にはっきりと***Fine***と指示している。しかし，これはミスプリントと思われる。ショパンが原則を破ろうとしたと思われる理由は全くない。彼は他のポロネーズにおいてトリオの後での作品の主要部分の繰り返しを守った（少なくとも短縮形か，時に変化は伴っているが）。ミクリ版は***Da Capo***をつけており，ここではそれを用いた。

2．ポロネーズ　変ホ短調　作品26-2

略号はポロネーズ作品26-1と同じ。

[第10小節] ミクリによると，ショパンは弟子のルビオ夫人の楽譜に，この小節と後の小節にも繰り返し出てくる音階の　二点変ニ音　ならびに　三点変ニ音　の前の♮を，自分の手でナチュラルにかえた。GEではこの音階ではいつも　ニ音　である。

[第11小節] FEは高音部の二つの　三点変ト音　をタイで結んでいない。われわれはこれと同一の第115小節にあるFEのスラーに従った。FEではこの小節が他で繰り返された場合にスラーは高音部の最初の16分音符か，又は4分音符のいずれかで始める。GEはいつもスラーは4分音符で始まる。

[第13—14，17—18小節] FE，GEでは，高音部のスラーはこれらの小節に続く繰り返しの中でと同様に，4番目の16分音符で終っている。さらにこれらの小節では，GEでは必ず，FEではほとんど，スラーは16分音符の　一点変ロ音　からでなく，先行する4分音符の　二点変ハ音　で始まる。第13小節の左手では，最後の8分音符はGEでは第14小節と同様　変ロ—一点変ホ—一点ト音　となっている。同じことがこのパッセージのひき続く繰り返しにもあてはまる。

[第18，66小節及び同様な小節] ショパンは左手の最後の和音で　一点変ヘ音　の代りに，誤って　一点ホ音　を書いている（変イ短調のVII₇の和音）。

[第35—36小節] FEでは小節線を越えて　ホ音　と　ヘ音　がスラーで結ばれる（第33，34小節はそうなっている）代りに，低音部の二つの　ヘ音　が結ばれている。そうだとすると第36小節の冒頭の　ヘ音　は弾くべきではないということを意味するであろう。同じことが同一の反復小節（第139，140小節）にもあてはまる。しかし，多分これは誤りであろう。

[第38小節] この小節の右手の最後の7度の　ロ—一点変イ音　の代りにGEでは　変イ—一点変イ音　のオクターヴとなっている。同一の反復小節（第142小節）も同様。

[第73小節] ショパンは第69小節で最後の和音を正しく　一点重嬰ハ音　で書いているものの，この小節及び第77小節では，彼は　一点重嬰ハ音　の代りに　一点ニ音　を書いている。

[第81—82小節及び第89—90小節] イ音　は最初（第81—82小節）右手に与えられ，次に（第89—90小節）左手に与えられている。多分これは偶然である。最近の諸版は統一した記譜がなされている。

[第94小節] GEでは最後の和音の右手で，嬰イ音　の代りに　ロ音　となっている。これは多分この作品の変奏の多いこの箇所の中でも意図的な変奏である。

[第97小節] ショパンの姉イェンジェイェヴィチ夫人Jędrzejewiczowaの楽譜ではトレモロの前の　pp　は鉛筆で消されているばかりでなく，ff　に置きかえられてさえいる。

[第103—104小節] FE，GEとも第103小節の左手の最初のオクターヴは明らかにうっかり　下一点嬰ヘ—嬰ヘ音　で書かれている。

（GEは第103—104小節の低音部では上の音だけが見られ，オクターヴ下の音はない。）ミクリ版は　下一点嬰ヘと-嬰ヘ音　のオクターヴになっている。

[第125小節] FEでは小節の冒頭の和音から，右手の下の　ヘ音　がぬけている。

[第147—148小節] FEでは小節線を越えて　一点変ホ音　を結ぶタイはない。しかし，これと同一の第43—44小節ではついている。

[第175小節] イェンジェイェヴィチ夫人の楽譜ではFEの　ppp　は消し去られ，ff　と置きかえられている（第97小節の注解参照）。同じ変更はジェーン・スターリングJane Stirlingの楽譜でもなされている（E. ガンシエ　E. Ganche著「F. ショパンとの旅」パリ，1934年，144頁参照）。FE，GEとも　ppp　となっている。

3．ポロネーズ　イ長調　作品40-1

略号：M—L. ビネンタル　L. Binentalの著書「ショパン　作曲家の生涯と芸術」（ワルシャワ，1937年，図XII）の中の複製による自筆譜，FE—フランス初版（E. トルプナ社Troupenas et Cie，パリ，№977）　GEはMに一致するので，GEはMの自筆譜を基にしたと推定される。

[第1小節] Mには　ff　がついている。

[第3小節] この小節の右手の最後の和音はMとGEでは　一点ニ音　の代りに　一点嬰ハ音　となっている。左手は　ロ音　の代りに　イ音　になっている（つまり，これらの音は前の和音が繰り返されたものである）。同じことが次に反復されている小節全てに生じている。ここではFEが用いられている。MとGEはこの小節の最後の4つの16分音符に新しいペダルを用いている。しかし，第1小節ではこれに対応するペダル記号はない。FEはこの作品ではペダルを全く用いていない。

[第7小節] GEではこの小節の最初の音符から最後の音符までスラーがかかっている。FEにはスラーは全くない。Mではスラーは高音部の第2音から最後の音符へかかっている。

[第9，10，13，14小節] MとGEは，似ている第2小節から第4小節までとは対照的に，ペダルは後から2番目の8分音符までかかっている。

[第11小節] この小節と第75小節ではFEは右手の5番目の和音を　二点嬰ハ音　の代りに　一点嬰ロ音　としている。

[第12小節] 最近の版は右手の2番目の和音をより楽に弾くために，二点嬰ハ音　を省略している。われわれはM，FE，GEの通りにする。M，FE，GEの第13，14，78小節の最初の和音には　三点嬰ハ音　はない。FEだけ第77小節にはこれがある。FEでは左手の3つの8分音符は　嬰ト—嬰ト音　だけのオクターヴとなっている。これは第76小節も同様である。

[第13小節] FEでは右手の第2，3和音は　二点嬰ハ—二点嬰ニ—二点重嬰ヘ—二点嬰イ音　となっている。FEは第77小節ではこれに更に　一点嬰イ音　をつけ加えている。われわれはM及びGEに従っている。これは第14小節の和音と同一である。

［第25小節］FEにはM及びGEにある *energico* がない。

［第25—26小節］M, FE, GEはこの二つの小節にわたるフレーズを一本のスラーでまとめている。それは次に続く二つの小節でも同じである。これらの版は，第35—36小節でも，われわれがこの二つのパッセージに用いたフレージングを行っている。

［第29小節］M, GE, ミクリ版，その他の最近の版にある冒頭のロ音 のかわりに，FEでは次のような和音になっている。

ショパンがこの和音をFEの校正にあたって，つけ加えたことは充分考えられる。同じことが第53小節にも云える。

［第31小節］FEではこの部分の繰り返しの際（われわれの版では繰り返し記号だけでしるされているが）すべて省略せずに書かれている。第31小節と同一の小節では，2，3，4，7番目の和音に 二点イ音 が加えられている。M, GEでは，第31小節と二つの対応する小節において，始めの和音にだけ加えられている。Mでは，第31小節の高音部の最後から2番目の和音は 二点嬰ヘ音 でなく 二点イ音 を加えている。

［第32小節］MとGEではこの小節と第56小節で，小節全体にペダルを指示している。

［第33小節］MとGEはこの小節と次に続く繰り返しで，高音部の最初のオクターヴを2分音符から4分音符に短縮し，そして4分休符で次のオクターヴと切り離している。

［第34小節］この小節と次の繰り返しの低音部の16分音符和音で，MとGEは 嬰ヘ音 と 一点ニ音 の間に イ音 を加えている。

［第35小節］FEでは低音部の最後の二つの和音を，この小節及び次の反復で第27小節と同じく ろ-ニ-イ音 としている。

［第37—40小節］FEではここの小節はより充実した和音になっている。ここの低音部にはそれを採用した。（第40小節の低音部の2番目の和音を除く。この和音はFEでは1番目の和音の正確な反復である。）しかし，第37小節の高音部では，最後の三つの和音にさらに 二点ヘ音 がついている。又なお第38小節の最後の和音には 二点ト音 がついている。

FEでは第39—40小節は次のようになっている。

右手の音譜はMとGEから採られたものである。（但し，例外として第37小節の最初の和音の 二点変ホ音 と第40小節の最後から2番目の和音の 三点イ音 はFEから採った。）MとGEでは左手の第37小節の2番目から6番目の和音に 一点ホ音 がなく，最後から2番目の和音に 一点ニ音 がない。さらに第38小節の2番目から6番目の和音に 一点ヘ音 がなく，最後から2番目の一点ホ音 がない。FEの左手の最後の二つの和音の 一点イ音 はタイで結ばれていない。これらのことは第61—64小節にもあてはまる。

［第41, 43小節］MとGEではこれらの小節の32分音符がスタッカートになっているのに対して，第45, 46小節では16分音符にレガートのスラーがついている。FEにはそういうものは一切ない。ミクリ版では32分音符のところにスラーがある。

［第45小節］FEでは3番目の16分音符は ヘ音 になっている。

［第46小節］GEではこの小節の最後の16分音符は 嬰ハ-ニ-ホ-嬰ヘ音 となっているが，これは誤りであろう。われわれはMとFEに従っている。

［第48小節］第48小節の最後のトリルから第49小節の最初の音符への移行は，幾分ぎこちなく，満足のいくものではないので，次のような方法で結ぶよう勧めたい。

つまり ホ音（この音でトリルが終っている）と前打音 一点ニ音（この音はM, GE, FEのいずれにもある）との間に更にオクターヴ下の 下一点ニ音 を前打音としてつけ加えるのである。

［第88小節］MとGEには *fff* と指示されている。

4．ポロネーズ ハ短調 作品40—2

略号は前出のポロネーズと同様の初版による。

［第3小節］GEでは右手の3, 4番目の和音は，最初の2つの和音，ト-一点ハ-一点変ホ-一点ト音 と同じになっている。GEでは第5, 11, 13小節及び似た小節と同様，左手のスラーは2番目のオクターヴから始まっている。FEはこれらの小節にはスラーをつけないか，あるいは第11小節の2拍目のオクターヴ は-ハ音 ではじめてスラーが始まっている。GEと一致しているのはただ一例のみである。

［第7小節］GEの高音部1番目の和音は 一点ハ-一点変イ-二点ハ音 である。これに続く類似の箇所及びこの小節の後に続く反復小節も同様である。

［第10小節］GEには高音部の後から2番目の8分音符に 一点ト音 がない。この小節の反復でも同様である。

［第11小節］GEではこの小節及び反復する小節の冒頭は次のようになっている。

FEはこの小節も第48小節の冒頭とも6度の 一点ホ-二点ハ音 のみである。

［第14小節］FEでは高音部の第4和音は先行する和音の正確な反復である。それは類似の小節及び反復小節でも同様である。

［第18小節］この小節の後で，FEとGEは第1—18小節を繰り返

している。それらは完全に印刷されているが，*sotto voce*の指示はない。GEは逆に*f*をつけている。

［第19, 21小節］変イ－一点変イ音 のオクターヴは両手ともそれぞれ1の指で弾くよう勧める。

［第21―22小節］FEはこの小節と次の小節にある 二点ハ音 を小節をこえてタイで結んでいる。しかし，これは第19―21小節にはない。

［第26小節］GEではこの小節は*diminuendo*で始まっている。

［第27小節］GEでは8番目の16分音符は 二点嬰ヘ音 のみである。

［第27―33小節］M, FE, GEの記譜はこのパッセージの旋律を充分明確にはしていない。われわれの見解では旋律は次のような方法で表わされるべきである。

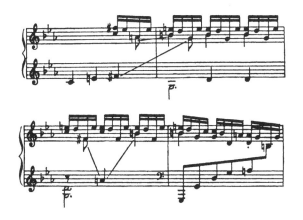

［第28―29小節］GEは2つの ト音 を小節線を越えてタイで結んでいる。

［第31小節］FEでは9番目の16分音符は 一点ホ音 だけである。

［第35小節］M, FE, GEは付点4分音符の ロ音 を高音部譜表に書き，右手で弾くようにしている。

［第36―40小節］FE, GEの高音部譜表で第36小節に8分休符はない。また第37―39小節には休符はない。第40小節冒頭の8分休符もない。

［第40小節］FEでは左手の小節の冒頭はオクターヴの は－ハ音 だけである。

［第57小節］この小節の最後の和音は，次の小節の最初の和音と一致する。つまり，変イ長調の二つの主和音にはさまれて，半音高くなった主音と6度をもった短調の下属和音があるのである。ショパンは第58小節ではこれと同様に ロ音 と ニ音 で和音を書いているが，第57小節では 一点変ハ音 と 重変ホ音 で書いている。これは不必要に複雑な記譜となっている。

［第62―63小節］GEでは（この箇所と第89小節では）高音部の最後の 一点ト音 は先行する 一点ト音 とタイで結ばれていて，後の 一点ト音 とは（FEにあるように）結ばれていない。GEではこの音は欠けている。第63小節と第90小節の第2和音はGEでは 一点変ニ－一点変イ－二点変ニ音 でなく，一点変ニ－一点ヘ－二点変ニ音 である。

［第66小節］FEには第93小節と同じく，右手の5番目の8分音符に 一点変ヘ音 がある。FEの第66小節の左手の二つの イ音 はタイで結ばれているが，第93小節では結ばれていない。

［第70小節］FEでは2番目の4分音符のところで 一点変ホ音 が（6度になる 二点ハ音 と同時に）繰り返される。

［第71―81小節］FEではスラーは第71小節の後半と第72小節全体にかかっており，その後第73小節から始まるスラーは，第75小節の冒頭まで続く。その次は第75小節の後半から第77小節の最初の音（一点変ニ音）までスラーがかかっている。その後でこの 一点変ニ音 から別なスラーが第81小節のはじめまで続いている。新しいスラーは第81小節の3番目の4分音符から始まる。GEでは第71―72小節のスラー及び75, 76小節のスラーは，それぞれ第72小節の終りと第76小節の終りまでかかっている。また第73小節の冒頭で新しいスラーが始まり，それは第75小節の最初の 一点ト音 で終っている。また第77小節の冒頭から始まったスラーは第82小節の最後の音符まで続いている。

［第73小節］FEにはアルペッジョの指示はない。

［第79―80小節］ここの小節は次のように記譜されるべきである。

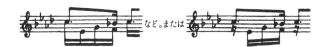

［第97―100小節］FEとGEではこの間の小節の記譜が著しく異なる。この版はGEに従っているが，第98小節のソプラノパートの 一点変ロ音 の2分音符は，FEに見られる4分音符の 一点ロ－一点変イ音 に置きかえてある。FEでは第97小節の2番目の8分音符の所で，一点変ホ音 を反復している（第70小節の注解参照）。第98小節の1番目の8分音符は 一点変ニ音 で，一点ハ音 ではない。2番目の8分音符の所は 一点変ニ－一点ト－二点ハ音 になっている。また第99小節の2番目の8分音符の所には 一点ハ－一点ニ－一点変ロ音 の和音があり，この小節の左手の冒頭は4分音符の ヘ音 になっている。

［第108―109小節］GEでは第108小節から第109小節に至る 一点ト音 をタイで結んでいない。

5．ポロネーズ　嬰ヘ短調　作品44

略号：FE―フランス初版（M. シュレジンガー社 M. Schlesinger, No.3477），GE―ドイツ初版（P. メケッティ社 Mechetti, ウィーン，No.3577）

［第4―5小節］FEとGEでは第4小節の最後の16分音符と，第5小節の最初の16分音符の ニ音 は右手となっている。この版では第5小節の更に先の箇所（8番目と9番目の16分音符）でショパン自らがそうしたように，それらの音を左手にした。

［第5―8小節］FEとGEにはフレージング記号は何もない（一般にこの作品のFEとGEには，強弱記号，アゴーギク，フレージングの記号がきわめて少ない）。FEでは反復部分に先立つ同形の箇所は，第264―265小節にかけてスラーがかかり，次に第266―267小節にかけてもスラーを付けている。GEではこれら4つの小節を一つのスラーで包括している。

［第18小節］FEとGEではここにトリルの後打音はないが，後の

同一の小節にはある。FEでは8分音符の 嬰ホ-ロ音 が4回繰り返されているが，同時に 嬰ハ音（旋律の 一点嬰ハ音 のオクターヴ下）も4回繰り返されている。同じことが後の同一の小節にも見られる。

［第23小節］GEでは左手の最初の和音に ニ音 がない。次の小節でも両手の3連符の最初のオクターヴに ニ音 がかけている。後の同一の小節もやはりこのような細部でやや正確さに欠けている。

［第27―33小節］FE, GEともこれらの小節及び後の同一の小節で，オクターヴの前のアルペッジョ記号の付け方が非常に不統一である。

［第28小節］FEでは，左手の最後の8分音符はその前の ヘ-一点ハ-一点変ホ-一点ヘ音 と同じである。これは第54小節も同様である。

［第29小節］GEでは，この小節及び第55小節の 一点ヘ-二点ヘ音 のオクターヴは32分音符に縮められている。第33小節の 一点変ホ-二点変ホ音 のオクターヴも同様である。

［第31小節］GEでは，この小節及び同一のパッセージにおいて，右手のオクターヴを次のようにしている。

この記譜は確かにわれわれの版と同じであり，それはわれわれがFEの第57, 290小節から採ったものである。FEでは第31小節で前打音は次の主要音とタイで結ばれている。そのことは前打音なしでオクターヴを上から下へアルペッジョで弾くことを表わしている（ミクリは彼の版で第31小節と第57小節でこのように記譜しているが，第290小節ではそうはしていない）。FEは第107小節でオクターヴの前のアルペッジョを欠いている。これは多分見落しのせいであろう。また第31小節でオクターヴの高い方の音の前に前打音がある点から考えると（これは第27, 29, 33小節のオクターヴの下の音符に前打音がついているのとは逆である），この第31小節や同様な小節では，このオクターヴは前打音の後で下方へ広がるべきでないのかどうか疑しい。

［第32小節］高音部の2番目のオクターヴ 一点変ニ-二点変ニ音 は，FEでは32分音符ではなく，16分音符で書かれている。

［第35小節及びそれに続く小節］FEでは高音部のオクターヴの上方の音は8分音符より長く伸ばすようになっているが，この音は8分音符の符尾の他に，付加的に4分音符の符尾が与えられている。後に出てくる第61小節とそれに続く小節も同様になっている。しかし，ショパンはオクターヴの下の音も同じ長さを意図していた。第37, 38小節及び同様な小節はオクターヴの上の音符だけでなく，下の音符も付点をもっているという事実からこのことは云えるであろう。この部分及び後の同一パッセージはGEに従っている。そして同じ原則が第13―14小節にも適用されている。

［第36小節］FEでは，この小節の左手の4番目の8分音符には ロ音 が抜けている。

［第37小節］GEでは左手の最後から2番目の8分音符には 嬰ヘ音 が加えられている。

［第43小節］FEとGEではこの小節の冒頭は次のように始まる。

FEとGEではこの小節及び後で反復する小節のフレージングは異なっている。スラーはこの小節の1番目の右手の和音，あるいはその次の16分音符から始まるか，又はこの小節の2拍目の4分音符 一点イ音 から始まっている。われわれはこれらの中から最も適切なアーティキュレーションを施している最後のフレージングを用いた。

［第61―64小節］低音部で連続している音符はあたかも32分音符であるかのように，次のように弾かれるべきである。即ち

［第94小節］GEでは最後のオクターヴは前の小節と同じ ほ-ホ音 になっており，は-ハ音 ではない。第118小節も同様。

［第96小節］GEでは最後のオクターヴは前の小節と同じ ヘ-ヘ音 になっており，に-ニ音 ではない。第120小節も同様。

［第98小節］ショパンは32分音符のグループの中で 変ホ音，変ハ音 と書き，嬰ニ音，ロ音 とは書いていない。そして小節の終りでだけ 変ホ音 から 嬰ニ音 へとエンハーモニックな転換をするように導いている（和音は付加6度の ロ音 が加えられ，根音が ニ音 から 嬰ニ音 へと半音上ったイ短調の下属和音である）。第122小節も同様。

［第122小節］GEは 変ハ音 の代りに ハ音 となっている。（われわれはこれを ロ音 とした。第98小節の注解参照。）

［第127小節以降］FEではこのトリオにのみペダル記号がある。FEとGEでは第129―138小節の左手にもスラーはない。第149―158小節も同様。

［第132小節］GEではこの小節の3拍目の左手の和音に 一点嬰ハ音 が欠けている。

［第143小節］GEでは冒頭の 二点ニ音 の代りに 二点嬰ハ音 となっている。同様に第163小節でも 二点イ音 の代りに 二点嬰ト音 がある。

［第155小節］FEでは，低音部の2番目の4分音符は ろ音 のみである。

［165小節］FEとGEではこの小節からスラーが始まり，第176小節で終っている。

［第171小節］FEとGEではこの小節の冒頭は 一点ヘ音 であって 一点嬰ホ音 ではない。われわれはこの版に，ショパンが第175, 230, 234小節でしたように適切な記譜法を用いた。

［第178小節］FEとGEではスラーはこの小節で始まり，第184小節で終っている。

［第181小節］FEにはプラルトリラーはない。

［第218―219小節］GEではこれらの小節は次のようになっている。

［第232小節］FEとGEではスラーはこの小節から始まり，第239小節の最後の4分音符で終っている。

［第234小節］GEは両手の最後の2つの音を同じ8分音符にしている。

［第240小節］FEにはプラルトリラーはない。

［第241小節］GEでは左手の上の4分音符の ロ音 をタイで結んでいる。FEは低音部の2分音符の ろ音 と次の小節の ろ音 をタイで結んでいない。

［第250—251小節，第258—259小節］この音符の連続は 嬰ヘ短調 の属和音，嬰ハ-嬰ホ-嬰ト音 より成っている。これらの各音は半音低い音，嬰ロ-重嬰ニ-重嬰ヘ音 によって先行されている。FEとGEは 重嬰ニ音 の代りに ホ音 としている。

［第270小節］GEは左手の最後から2番目の8分音符の和音に 一点嬰ヘ音 をつけ加えている。

［第294小節］2拍目の2番目の和音は，FEでは 一点ホ-一点イ-二点ホ音 の他に 二点嬰ハ音 がついている。そしてそれは先行する和音の 二点嬰ハ音 とタイで結ばれている。

［第314—315小節］クリントヴォルトKlindworthは低音部の半音階の最初の音，嬰ニ-ほ音 をトリルの後打音だと判断しているのは正しい。彼はまたこの半音階を分けて右手の8分音符それぞれに4つずつ音を割り付けている。

［第320小節］FEでは，この小節の2番目の8分音符は次の小節とは異なっていて，前の和音の反復である。つまり 嬰ハ音 と イ音 の他に 嬰ヘ音 がついている。

［第323—324小節］FEは右手の 一点嬰ハ音 をタイで結んでいない。

6．ポロネーズ 変イ長調 作品53

略号：FE—フランス初版(M. シュレジンガー社 M. Schlesinger, パリ, No.3958), GE—ドイツ初版(ブライトコプフ＆ヘルテル社Breitkopf＆Härtel, ライプツィヒ, No.7002)

［第5小節］FEにはこの小節の低音部の最初の和音の 変い音 はない。

［第12小節］FEにはこの小節の2番目の和音に 一点ニ音 はない。

［第14小節］われわれはFE, GEの記譜に従っているが，次のようにした方がより適切であろう。

この方法は 一点ロ-二点ハ-二点変ニ音 という旋律の進行を強調する。

［第16—17小節］われわれはGEのフレージングに従っている。FEのスラーは第16小節で終っている。

［第26小節］GEでは，この小節と第42小節の終りは次のようになっている。

第74小節と第164小節では16分音符と8分音符になっていて，その間に休符はない。

［第28小節］FEとGEにはこの小節の最後の和音に 一点ハ音 はない。

［第33, 34, 37, 38小節など］トリルの前のアッポッジャトゥーラはただトリルが次の主要音(一点変ホ音 又は 一点ヘ音)で始まるべきであることを示すためにだけつけられている。

［第36小節］FEでは高音部の2番目の和音の前にアルペッジョの記号はない。第68, 158小節も同様である。

［第44小節］FEには低音部の最後の和音に 一点ハ音 はない。第76小節も同様である。

［第47小節］FEではこの小節でスラーを中断していない。第79小節も同様である。第80小節ではFEにはアルペッジョがあるが，GEにはない。

［第48小節］FEとGEには，最後から二番目の和音の前にアルペッジョの記号はない。第80小節ではFEにはアルペッジョがあるがGEにはない。

［第50—51, 54—55小節］FEでは第50小節から第51小節に至る右手の 二点ハ音 はタイで結ばれている。GEにはこのタイがない。第54小節と第55小節の同様なパッセージでは，二点変ホ音 と 二点ト音 の間にスラーがかかっているが，一方GEでは二つの 二点変ホ音 の間がタイで結ばれている。ショパンはそれぞれの場合とも両方の和音の共通音をタイで結ぼうとしていたと思われる。

［第58—59小節］第62, 63小節ではオクターヴ下のアッポッジャトゥーラがトリルに先行しており，そこでトリルは主要音 二点変ニ音 から始めるべきであるということが明らかである。という訳で第58—59小節も同じように弾かれるべきである。これらの小節のトリルはすべてFE, GEが第64小節の最初で記譜しているのと同じように終るべきであろう。FEは（ミクリ版と同じく）第58, 59小節の左手の最後の8分音符は ヘ-ト音 であって，ヘ-変イ音 ではない。

［第64小節］FEには2番目の和音に 変ロ音 がない。また，終りの音階は 三点変ホ音 がない。GEではこの音階は最後の和音のすぐ後から始まっているが，FEではこの小節の後から2番目の和音の上で始まっている。

［第65小節］FEにはffの記号はない。

［第81—82小節］FEではアルペッジョ記号は一つにつながっている。多分これは右手の和音の下の二つの音符が下の譜表に書かれているためであろう。GEでは右手の和音は高音部譜表に書かれており，アルペッジョ記号は上下に分けられている。第101, 102小節や第180小節も同様である。第100小節は両初版とも右手の和音

は低音部譜表に書かれており，そのためアルペッジョ記号は上下に分かれていない。

［第83小節］FEにはここに **p** がついているが，第103小節では **pp** がついている。

［第90小節］FEではスラーはここで切れていない。GEでは小節の終りでスラーが切れている。第110小節でもFEはスラーが切れていない。ここではGEのスラーを用いた。

［第92小節］FEでは右手の16分音符の 一点嬰ハ音 は加線上になく，間にある。しかし，次の ロ音 より高く置かれており，同じ音高を意味していない。同じことが第112小節にもあてはまる。しかし，最近のいくつかの版ではこれら二つの16分音符を ロ音 としているものもある。

［第96小節］FEでは一つのスラーは2番目の16分音符で終り，新しいスラーが右手の3番目の16分音符で始まっている。GEでは新しいスラーは2番目の16分音符で始まっている。

［第124—125小節］FEとGEでは新しいスラーは第125小節の冒頭でなく，第124小節の最後の4分音符で始まる。

［第130小節］FEには 一点ト音 にプラルトリラーはない。

［第134小節］GEではここにプラルトリラーはない。

［第141小節］FEでは右手の最後の二つの音符は，FEとGE両方の類似した小節第133小節と同じく16分音符である。GEでは最後から2番目の 二点変ロ音 は32分音符で記譜されており，32分休符が続く。そのため 二点イ音 は32分音符である。われわれはミクリ版に従った。最近の版ではこれらのリズムのどちらかを用い，類似の第133小節に相応する変化を取り入れている。たとえば，クリントヴォルトはこれら二つの小節で というリズムを用い，ブルニョーリ Brugnoli は というリズムにしている。

［第148, 150小節］GEではこれらの小節の左手の冒頭の 変ホ音 の前にナチュラルがあり，第149, 151小節も同様である。FEでは第148, 150小節に 変ホ音 が，そして第149, 151小節には ホ音 がある。このFEの版はより適切である。なぜなら第148, 150小節の 変ホ音 は第144, 146小節の 変ほ音 に対応しているし，一方第149, 151小節の ホ音 は第145, 147小節の高音部の 一点変ホ音 に対応しているからである。

［第170小節］GEでは左手の4番目の和音に 一点ハ音 が欠けている。

［第173小節］GEでは低音部の3番目の8分音符の和音の 一点変ハ音 は ロ音 となっている。しかし，第171小節では 一点変ハ音 である。

［第175小節］クリントヴォルトは主要な動機を次のように一層明確にしている。

7．ポロネーズ幻想曲　変イ長調　作品61

略号：FE—フランス初版（ブランデュス社 Brandus et Cie, パリ，No.4610），GE—ドイツ初版（ブライトコプフ＆ヘルテル社 Breitkopf & Härtel, ライプツィヒ，No.7546)

［第3小節］GEでは，**f** ではなく，**pp** となっている。

［第5小節］GEには和音に 変ニ音 でなく，変ホ音 があり，その変ホ音 は前の小節の 変ニ音 と結ばれている。これは多分ミスプリントであろう。

［第7小節］GEでは2番目の和音に 変ニ音 が欠けている。

［第10小節］GEではこの小節の終りの 変は–変ハ音 のオクターヴは，次の小節にタイで結ばれてはいない。

［第20小節］FEでは低音部の最後の音は 嬰ろ音 であって，GEのように ろ音 ではない。この 嬰ろ音 は，次の小節の最初の和音の中の 二点嬰ロ音 から考えてみても正しいといえよう。

［第25小節］GEでは低音部の3番目の和音に 一点変ホ音 の代りに 一点ヘ音 がある。これは多分ミスプリントであろう。なぜなら第45小節にあるこのパッセージの反復ではGE, FEとも 一点変ホ音 になっているからである。

［第25, 29小節］これらの小節の16分音符は右手で弾くべきだが，FE, GEともこの点は明瞭でない。

［第31小節］FEの高音部の最後の16分音符は 二点変イ音 だけでなく，次の小節の冒頭のところのように 二点ハ–二点変ホ–二点変イ音 という和音である。FE, GEによれば左手の最後の8分音符は 一点ヘ–二点変ニ音 であって，一点変ロ音 がない。これは多分見落しであろう。FE, GEともこの小節でスラーは中断していない。

［第33小節］FE, GEともこの小節の冒頭で新しいスラーを始めている。GEではこの小節の冒頭の和音には 一点イ音 はなく，一点ト音 になっている。

［第36小節］GEは3番目の8分音符の和音の 一点ト音 の前にナチュラルがないばかりか，二点ト音 の前にフラットをつけている。GEによれば右手の4番目の8分音符は 二点ヘ音 だけで6度下の 一点変イ音 はない。GEはこの小節の左手の最後の8分音符の和音に ト音 がない。

［第41—43小節］FE, GEともこれらの小節の冒頭でスラーを中断していない。

［第45小節］第25小節とは対照的にGEではオクターヴの 変ホ–一点変ホ音（低音部第4番目の8分音符）に，第44小節のように7度の 一点変ニ音 がついている。

［第46小節］FE, GEとも新しいスラーを右手の最後の音符で始めている。

［第52—53小節］われわれはここの部分は最近の版から採った。FEとGEの第52小節右手の9番目の16分音符は 二点嬰ハ–二点ホ音 で，11番目のそれは 二点嬰ニ–二点嬰ヘ音 である。同じく第53小節9番目の16分音符は 二点嬰ニ–二点嬰ヘ音 である。

［第55小節］左手の指使いは，FEとGEのものである。

［第56—61小節］これらの小節の巧みで緻密な和声進行は，最も簡単な形に戻せば，第56小節冒頭の 変ホ-ト-変ロ音 の和音と，第61小節冒頭の 変ホ-ト-変ロ-変ニ音 という和音の間の一種の経過部として現われてくる。この部分は基本的には属七―トニックの反復進行であって，変イ長調―変ト長調―変ヘ長調―変ホ長調といつも一段づつ下へ移っている。

FEとGEでは，和音2は属七でなく，減7と減3を含んだ ト-重変ロ-変ニ-変ヘ音 のVIIの和音（変イ長調）である。ショパンはこれを単純化し，読み易くするために 重変ロ-変ニ-変ヘ-重変イ音，つまり重変ホ長調の属七として記譜した。彼は第57小節の終りの和音3ではじめて 重変イ音 を ト音 に変えた。この和音3は ハ音 と 変ホ音 を先取音に使うことで生じた副三和音である（第56小節で同じ和音があるが，これは経過的なものである）。ショパンは更に和音4と和音6に短7度をつけ加えている。そのため和音4,5,6,7は5度圏内で次々と続く属七和音の列を形づくっている。しかし，和音4と6では5度を減音するという変更をしている。パターンIIはFEとGEの中で現われたこれらの和音の最後の形を示している。しかし，ショパンは和音4では 重変ホ音 の代りに ニ音 を書き，そして和音6では 重変ニ音 と 変ヘ音 の代りに ハ音 と ホ音 を書いている。

［第61小節］GEでは前打音 一点変イ音 はすぐ後のオクターヴ上の音とタイで結ばれている。ミクリ版も同様である。このタイのない版で弾く場合には，このオクターヴをアルペッジョで弾くのが適切である。

［第67—69小節］FEとGEは小節線をこえて 一点変ニ音 をタイで結んでいない。しかし，第73小節から第75小節においては対応する 変イ音 をタイで結び，第81小節から第83小節でも同じく イ音 をタイで結んでいる。

［第78小節］この小節（及び前の小節の終り）で，GEは 二点ホ音 を 二点ヘ音 にかえているが，これは不必要なことである。第79小節では 二点ホ音 に戻っている。

［第92小節］GEでは低音部の最後の二つの8分音符は 変ロ-変イ音 となっている（しかし，FEのように 変イ-変ロ音 ではない）。第93小節の5，6番目の8分音符も同様である。

［第100小節］FEでは高音部の最後の二つの音符は8分音符である。この版ではGEの版を採用したが，GEでは低音部の最後の音 変イ音 を（高音部のリズムと並行して）16分音符で記譜しており，これを先行する 変ト音 と上の鉤でつないでいる。

［第101小節］フレージングはFEとGEにならった。

［第103小節］GEでは，はじめの二つの 一点ニ音 はタイで結ばれていない。前の小節では色々に解釈できる減七の和音は，この小節では変ト短調（あるいは変ト長調）の属七となる。そこでここでは ニ音 でなく 重変ホ音 で記譜されるべきである。そういう理由から，われわれはFEとGEの記譜を変えている。GEの低音部の最後の音は 一点変ホ音 でなく 一点変ニ音 となっている。

［第103—107小節］ここでよく出てくる という二つのリズムの組み合せは，FEでは，16分音符が3連符の3番目の8分音符のすぐ上に来るように記譜されている。GEではこの16分音符は3連符の3番目の音の後においている。しかし，第109小節から第115小節で度々出てくるこの二つのリズムの同じ組み合わせでは，GEも16分音符を3連符の3番目の8分音符のすぐ上に置いている。

［第108—115小節］FE，GEともこのパッセージでは，旋律が奏される右手の上声部を，和音を構成する低声部と充分明確に，そして又首尾一貫して分けてはいない。われわれはヘルマン・ショルツ版（C. F. ペータース社 C. F. Peters，ライプツィヒ）に従って適切に変えた。

［第125小節］FEでは小節のはじめの 二点ト音 を前の小節の終りの同じ音とタイで結んでいない。その代り2つの 二点ヘ音，即ちこの小節の2番目の16分音符と次の16分音符をタイで結んでいる。8番目の16分音符の上には *tr*. の記号はない。

［第126小節］GEでは小節のはじめの左手に と-ト音 のオクターヴがある。最後の8分音符は 変ロ-一点変ロ音 のオクターヴであって，変ロ-一点ト音 の6度ではない。

［第127小節］GEでは，低音部は8分音符だけで書かれており，3番目の8分音符の ニ-嬰ヘ-一点ハ音 という和音を繰り返している。

［第131小節］第128小節から第129小節の間で，嬰ハ-ホ-ト-変ロ音 の形をとった和音は，第132小節で三和音 ロ-ニ-嬰ヘ音 へ解決する。そのため 嬰イ-嬰ハ-ホ-ト音 と変えてある。FEとGEは，この版の第131小節で行っているようには，エンハーモニック転換は明瞭ではない。FEはこの小節の左手に と-ト音 のオクターヴが欠けている。

［第135小節］B. ヴイツィク-ケウプルリアンB, Wójcik-Keuprulian（「ショパンの旋律」，ルヴフ，1930年，24ページ以降）によれば，この小節の装飾音は，その音価が16分音符の長さを超えてはならないといっている。J. P. ダンJ. P. Dunn（「フレデリック・ショパンの作品における装飾法」24ページ）は理論的には4分音符の音価を与えているが，これは8分音符として弾かれるべきだということに同意している。この版ではこのダンの見解に賛成の立場をとっている。それはもしショパンがこの前打音に16分音符の音価を与えたいと思っていたとしたら，この音符は斜線のない小さな8分音符を書いていたであろうと考えられるからである。しかし，彼はこの前打音を小さな4分音符として書いているので，彼は明らかにこれをより長くしたいと思っていたのである。このことはこのパッセージの悲痛な性格に合っている。

［第137小節］GEでは低音部は次のようになっている。

［第148小節］GEでは *più lento* だけになっている。

［第165小節］3番目の和音は ホ音 の代りに 重嬰ニ音 で書かれるべきである。というのはこの和音は嬰イ長調（この調の主和音のあと）の属和音に続くⅦ₇の形のドッペルドミナントであるからである。しかし，この和音は経過音と考えられるので，ここでは初めに書かれたとおりにしておく。

［第167小節］FE，GEとも3番目の8分音符を ニ音 にしているが，正しくは 重嬰ハ音 である。

［第173小節］GEでは2拍目の4分音符に 一点嬰ヘ音 がない。

［第174小節］FEでは左手の最後の8分音符は イ-一点嬰ハ音 ではなく，嬰ヘ-一点嬰ハ音 である。

［第176小節］GEではこの小節のはじめの右手は 一点嬰ヘ音 がなく，一点に音 だけである。

［第182—185小節］GEの低音部は，音が大変少なく，次のようになっている。

［第188小節］GEでは，低音部の最後から3番目の8分音符の和音には 一点嬰ハ音 が欠けている。

［第200，202，204小節］この小節の3拍目は3つの16分音符による2つのグループでできているというより，2つの16分音符による3つのグループでできているといえる。したがってこれは16分音符に分割された8分音符の3連符である。

［第209，212小節］GEでは 嬰イ音 の前打音は斜線のついた小さな8分音符である。しかし，われわれはFEから長前打音を採用した。われわれの意見ではこれは第135小節と同様に8分音符の音価でなければならない。16分音符ではこの静かで夢みるようなパッセージにあまりにも激しいリズムを持ち込むことになろう。これに反し，4分音符だと内声部にある解決音，即ち ロ音 を強く弾くことになりかねない。

［第221小節］FEでは前打音の 一点ヘ音 が欠けている。

［第226—227小節］この小節のある16分音符の音形（以下の第230—231小節，第234—237小節でも同様）は，FEで見られる（GEにはない）これら各々の音形のグループについている **6** という数字から，6連符として受取っていいか否かは，すこぶる疑問である。たとえばクリントヴォルトはこれらの音形を前記の意味に理解し，これらを二つの16分音符の3連符に分けている。しかし，ショパンは第200小節の注解にもあるように，このような8分音符による3連符を6連符（3連符2つの結合）で記譜している。同様なことが第250，251小節でもみとめられ，そこでは6つの16分音符が二つづつの組に分けられ，6連符記号で記譜されている。第226小節以下は，それだけを取りあげると，それぞれはじめの音が高く，それに続く順次下降する2つの音による3個づつの音符のグループ2つを1つにまとめたもののように見える。しかし，それらは

第222—225小節の8分音符音形に由来しており，この箇所での二つの音符のグループの結合は，ショパンが4番目の8分音符を保持することによって副次的に6/8拍子のリズムを導入しているパッセージ（第224，225小節）でさえ，テンポから生じているのである。というのはGEは4分音符の符尾（FEにはない）を付加することによって，3番目の8分音符のところではっきりと常に3/4拍子のリズムを保持しているからである。すなわち音符は2音づつのまとまりになっている。たとえば第227小節の音形

は第222小節の音形の加速された反復であり，

（第228小節も同様に参照せよ。

又第211—213小節はモチーフ的にはそれぞれ3つの8分音符に区分されているにもかかわらず，それぞれ2つの8分音符からリズムが構成されていることは疑う余地がない。）

［第242小節］FEでは高音部の3番目の3連符の最初の8分音符の和音 二点ハ-二点変ホ-三点ハ音 に 二点変イ音 がない。

［第243—248小節］GEはFEと違って，右手の16分音符を3連符の3番目の8分音符の上でなく，その後に置いている。ミクリ版も同様である。

［第244小節］GEでは最初の3連符の3番目の8分音符のところは 二点変ホ-二点変イ-三点ハ音 でできており，二点ヘ-二点変イ-三点ハ音 ではない。5番目の8分音符の和音には 二点ヘ音 が欠けている。

［第251小節］FEでは左手の最後の3連符の最初の8分音符はオクターヴ高くなっており，3番目の8分音符は，一点ヘ音 の代りに 一点イ音 となっている。

［第252—253小節］GEでは第252小節の最後の和音と第253小節の最初の和音の左手に 一点嬰ハ音 がない。FEでは第253小節の3番目の和音は右手に 二点変イ音 がない。GEでは5番目と6番目の8分音符の間のスラーは途中で切れていない。

［第254—281小節］FEではこの部分の16分音符は，全て3連符のそれに対応する8分音符の上か下に位置しているが，これに反してGEとミクリ版ではこれらの16分音符は常に3番目の8分音符の後に位置している。GEの第268—271小節は例外で，オクターヴは3連符の3番目の8分音符として，左手の対応するオクターヴと同時に弾かれる。A. コルトーCortotは彼のポロネーズの版において，ショパンはここで伝統的，古典的書き方をしており（記譜を平易にするため），4分音符ひとつと，8分音符ひとつからなる3連符の代りに，付点8分音符と，それに続く16分音符で書いた

と推定している。GEの記譜法は，このパッセージのリズムに関するそのような解釈に反対の立場をとっているように思われる。これは大変難しい問題である。3/4拍子の中では16分音符にそれだけ分の実際の音価を与えるような付点リズムが，このパッセージの性格により合っているように思われる。(勿論第268—271小節を除き，この箇所で右手の16分音符のオクターヴをずらせば不揃いになるであろうし，不愉快な不協和音を生み出すであろう。)

[第254小節] FEは右手の2番目と3番目の8分音符は 一点変ホ-二点変ホ音 だけのオクターヴであり，二点ハ音 はない。

[第255小節] GEでは右手の 二点変ホ音 (2分音符) は，先行する小節の同じ音とタイで結ばれていない。GEでは3番目の8分音符は 一点変イ-二点ハ音 の3度だけ繰り返されている。この小節の最後の和音はFEでは 一点ヘ音 でなく，一点変ホ音 である。これは多分ミスプリントであろう。というのは同様な第257小節と第259小節では 一点変ホ音 でなく，一点ヘ音 だからである。

[第262小節] GEとミクリ版では低音部の2番目の16分休符はなく，その代りにその前の8分音符に付点をつけている。FEでは右手の最初の和音にアルペッジョの記号（前打音の後）がついている。GEではこの小節と次の小節の 二点変イ音 をタイで結んでいない。

[第274小節] GEでは右手の16分音符の 一点ト音 の下に16分音符の和音があるが，これがFEとこの版ではこの小節の2拍目ではじめてあらわれる。これは第276小節でも同様である。

[第279小節] 右手の最後の16分音符のところはFEでは 変イ音 しかない。われわれはGEとミクリ版に従った。

8．ポロネーズ　ニ短調　作品71-1

略号：FtE—フォンタナによる初版（A. M. シュレジンガー社 A. M. Schlesinger, ベルリン，No.4397）

このポロネーズの手稿譜のかなりな部分はショパンのコントルダンスと共に「文芸新聞」Kuryer Literacko-Naukowy,「日刊イラスト新聞」Illustrowany Kuryer Codzienny 265号の付録（クラクフ・1943年9月24日付）の中で複製されている。これらの複製に対する解説から分ることは，両作品が，1827年半ばにティトゥス・ヴォイチェホフスキTytus Woyciechowskiに送られたということである。（フォンタナも同じくポロネーズ ニ短調 の成立年を1827年としている。）この複製から分る限りでは，この二つの手稿，つまりポロネーズとコントルダンスの手稿は自筆譜である。この複製はポロネーズの主要部分とトリオの第1部を含んでいる。前述の複製についていた解説から分るように，作品の残りの部分は写真に撮られていない。今日既にもう手稿はない。このポロネーズの手稿譜は有名なフォンタナ版と比較すると，きわめて多くの相違点がある。相違点があまりにも多すぎるのと，複製写真の質がテキストの完全で確実な特定をするに至らないのとで，ここではその相違点は論じないこととする。

FtEはメトロノームを♪=84と記しているが，これは明らかにミスプリントである。この8分音符は4分音符でなければならない。

FtEのテキストにはレガートやフレージングのスラーは非常に少ない。この版の中のスラーはほとんどわれわれがつけたものである。

[第12小節] クリントヴォルトは最後の和音の配列を変えているが，これは高音部の最上声部（旋律）と低音部の上声部の間の平行8度を避けるためである。しかし，これらのオクターヴは単に旋律の重複に過ぎない。

[第14小節以降] 第14—16小節の左手及び第19小節の右手の6連符の指使いはFtEから借用している（例外は2度目の 二点嬰ト音, 第19小節の7番目の16分音符で，ここは1の指の代りに2の指を用いた）。

[第19小節] 右手のフィギュレーションの中に含まれている二つの旋律を強調するために記譜は次のようにされるべきである。

厳密に云うとこれは3声部である。というのは高音部は下声部のリズム 8分音符＋16分音符 が，上声部へと続く2つの声部に分かれているからである。つまり，上の全ての16分音符（三点変ロ-三点嬰ヘ-三点ホ音，三点嬰ヘ-三点ホ-二点嬰ヘ音 など）によって形成されている声部がひとつと，もうひとつはそれぞれの3連符の中にある下の方の16分音符とそれに続くふたつの16分音符（三点ニ-三点嬰ヘ-三点ホ音，二点嬰ト-三点ホ-二点嬰ヘ音 など）からなる声部である。

[第41小節] ショパンはこの小節の最後の和音の外声部の平行8度を簡単に避けられなかったのであろう（たとえばクリントヴォルトが彼の版で用いた和音）。しかし，ショパンは彼の後期の作品の中で似たような平行進行を用いることを躊躇していない。その上ここでは上声部のリーターデーションでこの進行は和らげられている。

[第46小節] この小節の最後の和音では，和音の解決（嬰ト-ロ-ニ-ヘ音 から，7度のト音を伴った イ-嬰ハ-ホ音 へ）のことを考慮して，FtEで 一点嬰ホ音 だったものを，この版では 一点ヘ音 に変えた。同じことが第82小節にもあてはまる。

[第59小節] いくつかの新しい版では（第57小節と違って）小節全体にわたって，右手には嬰ニ音 でなく ニ音 がある。われわれはFtEに従った。

[第60小節以降] クリントヴォルトは第60小節及び後続の小節のフィギュレーションを次のように記譜している。

しかし，より適切なのは下の通りであろう。

というのは，この方がこの音形をとりわけ早いテンポで演奏する最も自然な方法だからである。

［第61小節］右手の1番目の16分音符は最近の版では 二点嬰ロ音 でなく，二点ロ音 が使われている。オクターヴ低い最後の3連符のはじめも同様である。

［第62小節］FtEでは低音部に ト音 でなく 重嬰ヘ音 が使われている。これは第66小節の高音部の最後の3連符も同じである。FtEでは第62小節の高音部の冒頭は 一点嬰ホ－一点イ音 でなく，一点ニ－一点嬰ホ音 となっている。われわれはミクリ版に従った。

［第62―68小節］左手のスラーはショルツ版によったものである。

［第67小節］FtEは右手の3番目のはじめの音符を 三点嬰ニ音 でなく，三点ホ音 としているが，われわれはミクリ版に従った。

［第70―71小節］FtEには 下一点重嬰と音 と 重嬰と音 の代りに，いつも 下一点い音 と い音 がある。

［第72小節］FtEは，この小節の2番目の3連符で 嬰ろ音 の代りに ハ音 にしている。

9．ポロネーズ　変ロ長調　作品71-2

略号：FtE―J. フォンタナ J. Fontanaによる初版（A. M. シュレジンガー社 A. M. Schlesinger, ベルリン，No.4398）フレージングはわれわれがつけた。

［第4小節］FtEには最後の和音に 一点ト音 がない。

［第5小節］FtEは*f*の代りに*p*としているが，これは恐らく間違いであろう。

［第9小節］FtEは第10小節に移行する際，低音部は次のような形になっている。

われわれは第37小節に見られる解釈に従った。

［第10小節］FtEではこの小節の終りの低音部は次のようになっている。

第38小節も同様である。

［第12, 13小節］ここと同様に，第13小節から第14小節への3度もタイで結ばれているが，FtEでは第12小節から第13小節への3度はタイで結ばれていない(第40, 41小節も同様)。このタイの欠落はほとんど間違いなく不注意のためだろう。

［第15小節］FtEでは左手の冒頭の2つの 変ホ音 をタイで結んでいる。第43小節も同様であり，再現部にも再び見られる。しかし，同時にこれらの小節の2番目の和音の前には常にアルペッジョの記号がついている。われわれはミクリ版に従っている。

［第17小節］FtEではこの小節の左手の終りは次のように記譜されている。

第45小節も同様である。

［第18小節］FtEではこの小節の左手の終りは次のように記譜されている。

第46小節も同様である。

［第26, 28, 30小節］これらの小節の終りの3度では，リズムの変化は非常にショパン的で，"変化"に富んだ性格をもっているので，われわれはこのまま生かしている。

［第27, 29小節］FtEでは低音部の2番目の ヘ音 は短かくされている。（第31, 32小節のこれに相応する ト音 も同様である。）これらの小節及び第31小節の右手のトリルの後打音を，われわれはこの版に見られるようにしておく。ミクリ版に始まる最近の版も全て同様である。しかし，FtEはこのような終り方はしていないことを挙げておく。これらのパッセージでショパンが単にプラルトリラーを意図していたに過ぎないということも大いにありうることである。（このことは，第26, 28小節などのように，*tr*という記号が付いた音符の場合は確かなように思われる。）これは中声部におけるトリルの演奏が，いくつかの困難を伴うためになおさらそう考えられるのである。

［第34, 35小節］FtEではこれらの小節（及び後の繰り返し）の冒頭の和音に 一点ハ音 はない。

［第53小節］FtEでは次のようになっている。

又この小節の繰り返されるところでも同様である。第54小節も似ているが，この小節が繰り返されるところでは，高音部も低音部もFtEは ニ音 をタイで結んでいない。FtEは第69, 70小節で，第53小節と似た記譜をしているものの，アルペッジョ記号はない。

［第59小節］FtEでは小節の終りで 一点嬰ハ音 でなく，一音ニ音 になっている。

［第63―64小節］われわれはここは，クリントヴォルトのつけたスラーを採用している。FtEではスラーは3連符それぞれにかかっている（第65, 66小節も同様）。

［第73―74小節］FtEでは第73, 74小節にある 一点ニ音 と 一点ヘ音 の3度をタイで結んでいる。しかし，似ている小節の第77, 78小節ではタイはない。

［第80小節］第79小節とは違って，FtEではここにトリルの後打音がない。いくつかの最近の版は適宜 三点嬰イ－三点嬰ロ音 をつけ加えている。一方ミクリ版に従っている場合は，第81小節の冒頭で 三点ロ音 の繰り返しを避けるために，ここには 三点嬰イ音

のみを加えている。しかし，ショパンがトリルをその上の音 四点嬰ハ音 で終え，次の小節の 三点ロ音 に続くように意図していたということもありうることである。

10．ポロネーズ　ヘ短調　作品71-3

略号：FtE—フォンタナの初版（A. M. シュレジンガー社 A. M. Schlesinger，ベルリン，№4399）　MS—ワルシャワのフリデリク・ショパン協会コレクションにあるショパンの自筆譜。自筆譜の最後に〝汚い字でとてもご免なさい Mille pardons pour la mauvaise écriture. FCh シュトゥットゥガルト，1836年〟というショパンの注がある。しかし，文字は明瞭で読みやすい。このテキストはFtEのそれとは多く細部において，おびただしく違っており，音符のみならず，スラー，他の指示，記号においても同様である。ペダルは第15-17小節と第27-28小節のみについており，これらの小節の終りの休符の下に記号がついている。MSでは第51-71小節と第92-99小節は，先行のこれに相応する小節の繰り返しのしるしがあるのみである。われわれは以下でMSとFtEの間の最も重要な相違点のみを考察する。ショパンがこのポロネーズの写しをエリザ・ラジヴィウヴナ Eliza Radziwiłłówna に送ろうとした時，彼はヴォイチェホフスキ Woyciechowski に（1829年11月14日付の手紙の中で）次のようにつけ加えて，このコピーを送ってくれるように頼んだ。「私はこの曲を記憶で書きたくはない……。実際のものとは恐らく違ったものを書くかも知れないから。」ショパンが1836年のシュトゥットゥガルトへの旅行の際このポロネーズのコピーをもっていたとは思えない。従って彼はこの曲を記憶から書いたと推定される。このことがMSとFtEの間の相違を説明している。スラーはわれわれのつけたものである。MSやFtEには断片的にしかついていない。

［第2小節］MSでは左手の2番目の音符に 下一点変ロ音 の前打音がついている。そしてこの音符に対応する右手の和音の中の ハ音 は2分音符で書かれているので，この小節の終りでこの音は繰り返されない。

［第5小節］FtEでは ten. は 二点変ニ音 の下に書かれている。われわれはこれは ヘ音 につけた方がよく，そこでこの小節を通してひき続けるべきだと考える。MSには ten. も tr. もなく，espress がついている。

［第8小節］MSでは16分音符の 一点ト音，一点変イ音，一点ト音，一点変イ音 の後，もう一度前打音として 一点ト音 と 一点変イ音 が，一点変ロ音 の前で繰り返されている（第38小節参照）。

［第10小節］MSでは高音部の 一点ロ音 は4分音符になっていて，その後に8分休符が続く。

［第11小節］MSでは小さい音符はこの小節の冒頭にも，終りにもない。クリントヴォルトは前打音の 一点変イ音（高音部の最初の音）を 一点変ロ音 に変えたが，多分これは適切だと思われる。なぜならショパンは主要音と同じ音高で前打音をつけることは極めてまれだからである。右手の最後の音符 一点変イ音 と 一点イ音 はクリントヴォルトの場合 ♪♪ としている。

［第12小節］MSでは右手の最初の音は 一点イ音 である。

［第13小節］MSには f 記号がついている。この小節の冒頭の 一点変ト音 の前には 一点変ヘ—一点変ト音 の前打音がついている。そして 一点変ト音 の後は小さな8分音符で 一点変ヘ音 から 二点変ヘ音 迄のスケールがあり，con forza と記号がついている。

［第14小節］MSにはプラルトリラーはない。

［第15-22小節］MSではこれらの小節の左手の最初の音は，は音が1つだけしか書かれていない。しかもこれは8分音符で，そのあと8分休符が続いている。

［第16小節］MSには小節の最後の前打音がない。

［第19-22小節］FtEでは第19，20小節の左手の ロ音 の代りに 一点変ハ音 が使われ，同様に第20小節の右手の7番目の16分音符も 二点ロ音 の代りに 三点変ハ音 となっている。FtEでは第19，20小節の低音部の3拍目は4分音符となっている。われわれはこれらの小節に対応する先行の小節の書き方に従っている。MSでは第19，20小節の3拍目には 一点変ハ音 しかなく（8分音符の後に8分休符が続いている），第21，22小節は4分音符の ト音 しかない。しかし，第19，20小節では左手2拍目の16分音符の上の3度は付点4分音符の音価であり，第21，22小節では2分音符の音価をもっている。

［第23，24小節］ここの最も低い声部の指使いはFtEのものである。高音部の冒頭の和音も同様である。われわれはここの声部の音符の配分はFtEに従った。最近の版はこれらの小節の冒頭の左手の和音に ト音 を入れている。MSにはターンに線が入っている。これはそれが 一点嬰ニ音 を伴って演奏されるべきだということを意味する。最近の版もそうなっている。FtEは♯記号をつけていない。ブルニョーリはここを 一点ニ音 にしているが，これは正しくない。しかし，ブルニョーリが——ミクリと同様に——ターンの始まりに主要音の 一点ホ音 を勧めているのは正しい。クリントヴォルトとショルツが 一点ヘ音 の上でターンを始めているのは矛盾している。なぜなら彼らは第18小節では主要音 二点ハ音 で始めているからである。同じようなやり方がMSにもあり，そこではターンは小さな音符で書かれている。

［第25，26小節］MSではこれらの小節の小さな音符のリズムは正確に記譜されている。第25小節では 一点ヘ音 と 一点ト音 の8分音符の後にそれぞれ16分音符が続いている。第26小節では 一点ト音 の付点8分音符の後に32分音符が続いている。最近の版ではこれらの箇所はすべて32分音符になっている。

［第28，29，31-33小節］指使いはFtEに従っている。（例外は第28小節の 二点ト音 で，これはFtEでは5の指とされており，また第32小節の最初の音符 二点変イ音 はFtEでは4の指となっている。）

［第29-30，33-34小節］MSでは第29，30小節の左手の最後の8分音符は単なるオクターヴではなく，ヘ—一点ハ—一点イ音 の和音である。同様に第33，34小節では 変ロ—一点ヘ—二点変ニ音 である。

［第37小節］MSでは左手はFtEとは全く違っている。まず2回 ニ

-変ロ音（ニ音には♮はついていない），そしてヘ-一点ヘ音，それから 変ホ-変ロ音 と 変ト-一点変ホ音 である。

［第40小節］FtEではこの小節の冒頭の高音部は 二点嬰ニ音 であって，二点変ホ音 ではない。そしてこの音は次の 二点変ホ音 とタイで結ばれている。ミクリ版は 二点嬰ニ音 の代りに 二点ニ音 としている。この小節の冒頭の三つの16分音符の指使いはFtEに従っている。MSではここは次のように進行している。

［第44-50小節］MSではこれらの小節に *sempre più piano dim. e poco rallentando* の指示がある。

［第47-50小節］MSでは第47小節の右手の冒頭の は音 は，第46小節の最後にある同じ は音 とタイで結ばれている。しかし，この は音 には付点がついている。第48, 49小節のはじめの 二点ハ音，三点ハ音 も同様。第50小節の右手の8分音符 二点ハ音（付点がついているが，先行する 二点ハ音 とタイで結ばれている）の後，MSでは8分音符の 一点ハ音 とそれに続く4分音符の は音 があり，そして4分休符がある。しかし，MSの低音部には前の小節からの和音，ハ-ヘ-ト音 が，8分音符として2個記譜されており，それから8分休符の後，3度の ト-変ロ音，ヘ-変イ音，ホ-ト音 があり，その下に付点4分音符の ハ音 がある。

［第77小節］MSでは右手3拍目の8分音符 二点変ニ音 の下に 一点変ロ音 はなく，左手には4分音符の ホ音 があって，この小節の終りの8分音符 変ロ-一点変ニ音 が続く。クリントヴォルトはこの小節の低音部の終りを次の a) のように書き，ショルツは b) のように書いた。

これらの二つの異形は確かにFtEのよりも響きがよい。FtEでは右手の最後の 一点ト音 は16分音符になっており，その後16分休符が続いている。他方これと類似した第96小節では，この 一点ト音 を8分音符とし，その上それに16分休符が続いている。

［第77-79小節］第77小節（16分音符の2番目から8番目まで），第78小節，第79小節の冒頭の右手の指使いはFtEから採用した。

［第78小節］MSではアッチャッカトゥーラの 一点変ロ音 はない。2分音符は 二点変ハ音 として書かれ，アクセントがついている。さらに先行する 一点変ロ音 が同じ指使いなのに，指使いとしては **3** という数字がついている。FtEも2分音符を 二点変ハ音 と書いている。

［第80-81小節］FtEでは 一点変ヘ音 の代りに，ここは 一点変ホ音 となっている（小さな音符は第25小節と同様に演奏すべきである。前記参照）。MSでは第80小節の高音部の2番目の音符は16分音符の 一点ホ音 として書かれている。MSの2拍目は 一点変ニ-一点変ロ音 の6度で，3拍目は 一点ハ-一点変イ音 の6度であって，8分音符で書かれ，8分休符が続いている。MSの低音部には小節の冒頭に 変ロ音 はなく，2拍目には8分休符と 変ホ音 のみがあり，3拍目には 変い音-変イ音 のオクターヴに8分休符が続いている。MSには第81小節はない。つまりこの版は繰り返しの *seconda* がないのである。

［第82小節］MSの小節の冒頭には4分音符の 二点ホ音 があって，これは6連符の最初の音符とタイで結ばれている。FtEでは6連符の2番目の音は 一点ロ音 となっている。

［第83小節］MSでは前打音の 二点ヘ-二点変ホ音 は付点8分音符の後に32分音符の形で記譜されている。MSにはターンも前打音 一点変ニ音 もない。小節の終りの4分音符 三点変ニ音 は，MSでは第84小節のはじめの 三点変ニ音 とタイで結ばれていて，そこには前打音はない。

［第84小節］FtEとMSではこの小節の4番目の16分音符には8分音符の符尾がつけ加えられている。MSでは6連符の最初の3つと終りの音符に上向きの符尾がついていて，それらは連結線で結ばれている。

［第86小節］MSでは右手のパートは次のようになっている。

［第88小節］MSでは右手のパートは次のようになっている。

FtEでは最後から2番目の16分音符は 三点変ハ音 となっている。

［第89小節］MSの最後の4つの16分音符の箇所は3度の 三点ハ-三点変ホ音 と 三点ニ-三点ヘ音 が2度繰り返される。MSの左手の2番目の8分音符は 一点ハ-一点変ホ-一点ト音（これは明らかに 一点変ニ-一点変ホ-一点ト音 のミスプリントである。）で，3番目は 変イ-一点変イ音 で，最後の4分音符は イ-一点変ホ-一点変ト音 である。

［第91小節］MSではこの小節の2拍目の 二点変ホ音 は32分音符になっていて，付点16分音符の後に続いている。低音部の2拍目には 変ホ音 しかない。

11. ポロネーズ ト短調

このポロネーズは1817年に出版され，そしてZ.ヤヒメツキ Z. Jachimeckiの書いた「F.ショパンとその作品」（Fr. Chopin et son oeuvre パリ，1930年 45-47ページ）にそれ迄有名だった唯一のコピーに従って掲載された。後にこのポロネーズはヤヒメツキによる選集「最初期の三つのポロネーズ」Trzy polonezy z lat najmłodzych（クラクフ，1947年）の中で出版された。われわれの版は上記の二つの出版物に掲載されたこの有名な楽譜を基にしている。ヤヒメツキの本のものはRで表示し，彼の選集はJEで表示

する。フレージング，ダイナミクス等々はわれわれが独自にほどこしたが，部分的にはJEからとられている。

［第8小節］RとJEには前打音 三点ホ音 の前にナチュラルがある。この記号は恐らく前の小節の最後の 一点ホ音 の後で 変ホ音に戻すためのフラットの代りにつけたミスプリント（あるいは読み違え）であろう。

［第11－12小節］JEでは第11小節の終りと第12小節の冒頭の左手のパートは次のようになっている。

第12小節のはじめの誤植（8分音符の代りに4分音符）のことは別としても，Rの版では第11小節のの最後の和音で 一点嬰ヘ音 でなく 一点変ホ音 を使い，第12小節の2番目の和音で 一点嬰ヘ音 でなく 一点ニ音 を使っているが，その方がより適切であると思う（第22，30，38小節の2番目の和音を参照のこと）。Rでは第12，22，30，38小節の旋律の最後の2つの音のうち最後の音符が2分音符の音価をもち，最後から2番目の4分音符が小さな音符，すなわち前打音として書かれている。

［第13小節］JEでは2番目の和音の最も上の音は 二点ハ音 であって，一点イ音 ではない。われわれはRに従い 一点イ音 とする。これは第1小節の 一点嬰ヘ音 にあたる。（なぜなら第13－16小節は第1－4小節を変ロ長調へそのまま移調したものだからである。）

［第22小節］Rではここも，第12小節も *Fine* の指示がない。また第22小節の後にもポロネーズの主要部分の繰り返しの指示はない。しかし，ショパンが実際にこのポロネーズを，第22小節においてこの作品の主調と違った調で終らせようとしたというのは全くありそうもないことである。われわれの考えでは，第2部の後で第1部を繰り返し，その際導入部（第1－4小節）は省かれねばならない。これはショパンの初期のポロネーズ，たとえば嬰ト長調と変ト長調のポロネーズにも用いられている通常の形式である。作品71の3つのポロネーズ全ても同様である。導入部を省くことは，第2部に移調した導入部があるので，ここでは一層適切である。しかし，トリオの後でこのポロネーズは明らかにはじめから繰り返されるべきである。

［第29小節］ターンは次のように弾かれるべきである。

12．ポロネーズ　変ロ長調

このポロネーズは「文芸新聞」Kuryer Literasko Naukowy（「日刊イラスト新聞」Illustrowany Kuryer Codziennyの1934年1月22日付附録，クラクフ）の中にあるZ．ヤヒメツキによる手稿，及びFで示すところのファクシミリ，そしてその後，選集「最初期の三つのポロネーズ」Trzy Polonezy z lat najmłodszych（クラクフ，1947年）として出版された。この版はJEと表示する。この作品のはじめの*f*や第23，24，29，30小節の高音部の短いスラーを除いて，Fには他の記号やフレージング等はない。

［第12小節］ポロネーズ ト短調 と同様，F及びJEでは旋律の最後の音符は2分音符で，その前の音符は小さい4分音符の形をとった長前打音である。これは第20，32小節も同様である。

［第13小節］この小節と第17小節ではターンは次のように弾かれるべきである。

しかし，第15小節では次のように弾かれるべきである。

［第20小節］ポロネーズ ト短調 の場合と同様に，ここでもこのポロネーズを主要部分を繰り返すことなしに，第2部で終らせるべきか否かという疑問が生じ得る。Fはこの点において何ら解明していない。しかし，主要部分の繰り返し（やはり第1－4小節の導入部は省略）は，ポロネーズ ト短調 の場合ほどにはここでは必要ではない。なぜなら第2部は主調で終るからである。

［第32，42小節］FとJEには最後から2番目の和音には更に 一点イ音 がある。われわれはカデンツを第12，20小節のカデンツと一致させた。

［第36小節］低音部は次のように変える方がよい。

この小節でFは ***Dal segno*** と指示している。JEは第21小節の冒頭にトリオと適切な記号をつけている。しかし，Fにおいてはこの記号は第27小節の冒頭についている。このことはトリオの主要部分の後半部のみを繰り返すようにということを意味している。これはポロネーズ ト短調 のトリオの場合と同様である。

13．ポロネーズ　変イ長調

このポロネーズは1821年に作曲され，1902年にヤン・ミハウォフスキJan Michałowskiの手を経てワルシャワのゲベトネル＆ヴォルフ社 Gebethner i Wolffから出版された。オリジナル版は雑誌「音楽」Die Musik（ベルリン，1908年，第1号）の付録楽譜に載せられた。このポロネーズはブルニョーリ版（リコルディ社Ricordi，ミラノ）及びZ．ヤヒメツキの選集「最初期の三つのポロネーズ」（クラクフ，1947年）にも見られる。われわれの版が主として依りどころとしているのは，F．ホェシックHoesickの「ショパン，その生涯と作品」Chopin．Życie i Twórczość（1910年，第I巻，43ページ）にある手稿の複製である。（これはMSと表示する。）MSには第25，26小節の *ritard.* を除いて何ら記号，指示，

フレージング，アクセントなどない。

［第1小節］ブルニョーリは下の音つまり 三点ニ音 で始めるように指示している。しかしわれわれは，彼は間違っており，ターンは 三点ヘ音 で始るべきであると考えている。ブルニョーリとヤヒメツキの版では，第1小節の旋律の最後の音は 三点変イ音 となっている。われわれは雑誌「音楽」の版に従って，三点ヘ音 を採用している。MSもこの音に近いようにすべきだと思っているようだ。

［第4小節］ブルニョーリ版には高音部の 一点ト―一点変ロ音 の3度の代りに，一点ト音 しかなく，ヤヒメツキ版には 一点変ロ音 しかない。

［第6小節］MSでは 二点嬰ハ音 の代りに 二点変ニ音 となっている。

［第12小節］MSにも他の諸版にもトリルの後の後打音はない。同様に第46小節のトリオのカデンツにもない。

［第16小節］ブルニョーリ版にもヤヒメツキ版にも高音部の3番目の8分音符に 二点変イ音 はない。しかし，MSと雑誌「音楽」にはこの音があり，これは第20小節の 変ト音 に対応している。

［第21-23小節］MSは左手の和音で 一点変ヘ音 をつける代りに誤って 一点ホ音 をつけている。

［第40小節］MSは ニ点嬰ヘ音 でなく，二点変ト音 としている。

14．ポロネーズ　嬰ト短調

このポロネーズはマインツのショット社B. Sochotts Söhneから1864年にはじめて出版された。この作品はワルシャワのゲベトネル＆ヴォルフ社の全集（第III巻，第3番）とライプツィヒのブライトコプフ＆ヘルテル社の全集（第XIII巻，第15番）に入っている。この曲はミクリ，クラク，ピューニョ，ブルニョーリその他の版にも入っている。これはデュポン夫人に捧げるという献辞がある。多分ワルシャワのショパン一家と親しかった家族の一員であろう。(ショパンは1830年5月15日付のT. ヴォイチェホフスキ宛の手紙でデュポン嬢の名を挙げている。) F. ニークスは彼の著作「ショパン，人および音楽家としての」F. Chopin as a Man and Musician (1920年，第II巻，243ページ)で，このポロネーズの成立年（1822年）を疑問視しているが，これは大変賢明である。この作品の形式と進歩したテクニックは，これがショパンのもっと後の時期のものであることを示しているように見える。われわれはブライトコプフ＆ヘルテル版の非常に不正確なフレージングを，主としてクラク版，ブルニョーリ版のフレージングと置きかえた。この版の諸記号や強弱記号などはそのほとんどが，編集者が補足したものではあるが，初版のものを踏襲する。

［第3小節］ミクリ版とブルニョーリ版では右手の二つの 嬰ト音（3，4番目の8分音符）はタイで結ばれていない。われわれはブライトコプフ＆ヘルテル版の解釈をとっているが，最良なのはピューニョ版にもあるように更に二つの ロ音 もタイで結んでしまうことだと考える。

［第6小節］ミクリ，クラク，ピューニョ，ブルニョーリの各版はトリルは主要音から始めるべきだと指示している。しかし，トリルの前の音も 三点変ホ音 であるという事実から，上の音である 三点嬰ヘ音 から始めることも可能であるという別な意見も主張できる。同じことが第35小節のトリルにもあてはまる。

［第30小節］ブライトコプフ＆ヘルテル版には12番目の32分音符の前にダブルシャープはない。

15．ポロネーズ　変ロ短調

このポロネーズは1826年ライネルツ（ドゥシニキ）へ行く前に作曲された。出版は1881年6月3日付の雑誌「エホ・ムジチネ」Echo Muzyczne第12号（付録楽譜　89-95ページ）においてであった。その後ワルシャワのゲベトネル＆ヴォルフ社の全集（第III巻，第15番）及びライプツィヒのブライトコプフ＆ヘルテル社の全集（第XIII巻，第16番）におさめられた。更にこの曲はクラク版（シュレジンガー社，ベルリン）ブルニョーリ版（リコルディ社，ミラノ）その他の版にも入っている。トリオの冒頭の**Con Ped.** という指示以外は初版にはペダルの記号はない。この版のものはわれわれがつけた。

［第8小節］「エホ・ムジチネ」版，ゲベトネル版，ブライトコプフ版では，ターンは第33小節とは反対に32分音符からなる6連符ではなく，8分音符 一点ヘ音 の周囲にまとめられた一連の装飾音符として書かれている。

ブルニョーリはこれら互いに異なるこれら二つの記譜法が意図的なものであると考え，それらの間にリズム上の違いを見ている。われわれの考えでは両方の場合とも，装飾音の意味（そして結果的には演奏も）は，全く同じである。従ってわれわれはこれらの記譜法を統一する。

［第11-12小節］「エホ・ムジチネ」版，ゲベトネル版，ブライトコプフ版においては，これらの小節の1番目の16分音符は独自の符尾をもち，それに続く音符とは区別されている。

［第14小節］「エホ・ムジチネ」版では，このパッセージは左右の手に分けられていない。

［第18小節］「エホ・ムジチネ」版では，ターンは 二点イ音 を主要音，二点ト音 を下の音としている。クラクはこの奏法を次のようにしている。

しかし，このターンは 二点イ音 を主要音とし，二点嬰ト音 を下の補助音とするか，もしくは 二点変イ音 を主要音とし，二点ト音を下の補助音とする方がより自然であろう。

［第25小節］「エホ・ムジチネ」版，ゲベトネル版，ブライトコプフ版では左手の2番目の和音に ヘ音 がない。

［第43小節］「エホ・ムジチネ」版では第59小節とは違って，32分音符の 二点ヘ音 は和音なしの単音となっている。

［第45小節］この版はクラク版に従って，この小節と第61小節の右手の最後の二つの和音にある二つの 二点変イ音 を，第8，33小節にならってタイで結んでいる。

［第49小節］ゲベトネル版ではこの小節の冒頭にある左手の和音の一番上の音は 変ロ音 ではなく，一点変ニ音 となっている。われわれは第47小節と同様の解釈を採用する。

［第51小節］「エホ・ムジチネ」版では，左手の最初の四つの16分音符は 二点変ニ音，二点ハ音，二点変ハ音，一点変ロ音 となっている。

16．ポロネーズ 変ト長調

このポロネーズは1872年にマインツのショット社から出版され，その後ワルシャワのゲベトネル＆ヴォルフ社の全集（第Ⅲ巻，第14番）で出版され，雑誌「音楽」（ベルリン，1908年，第1号）の付録の楽譜にも見られる。又ピューニョのポロネーズ集（ウニヴェルザールUniversal版）にも入っている。

このポロネーズの真偽についての疑問がニークス「F. ショパン 人及び音楽家として」（ロンドン，1902年，第Ⅱ巻，359ページ）によって出されたが，ヤヒメツキはこれに関してポーランド学術アカデミーの会報（Sprawozdania Polskiej Akademij Umiejętności 1934年，第XXXIX巻，第1号）で論じている。

この版は雑誌「音楽」に載った楽譜に依っている。われわれはいくつかのパッセージでフレージングを補足したり，変更したりしている。又，更にペダル記号も加えている。

［第1小節］ピューニョはテンポを *Allegro moderato* ♩=84としている。

［第9，11小節］トリルの後打音はわれわれがつけた。

［第13小節］雑誌「音楽」版にはこの小節で 重変ホ音 はなく，変ホ音 となっている。第43小節ではじめて ホ音 の前に2つのフラットがつけられている。しかし，この部分は他の全ての細部が正確に繰り返していることを考えると，ここが意図的な変形であるとはとても考えられない。

［第20小節］この小節の終りの右手は雑誌「音楽」版では次のようになっている。

われわれは第50小節の記譜の仕方に従っている。

［第28小節］雑誌「音楽」版では左手の最初の音，変ニ音 は2分音符である。第58小節も同様である。このポロネーズの第1部の繰り返しの際に，第28小節の終りでは，第8小節と同様，必ずアウフタクトの 一点変ニ音 が弾かれねばならない。しかし，雑誌「音楽」版にはこの指示はない。

［第35小節］雑誌「音楽」版ではこの小節に *al termoda* という指示がついている。これは明らかに間違いであり，ピューニョ版にあるように（第33小節の *una corda* の後での），*tre corda* であるべきである。

［第59，60小節］これらの小節にある *tr.* の記号はプラルトリラーとして弾かれるべきである。しかし，第61小節の同様の記号は後打音のついたやや長いトリルを意味している。

［第71小節］雑誌「音楽」版では伴奏部分は次の小節と同じリズムとなっている。しかし，第122小節でこの部分が繰り返す際は次のリズムである。

［第101，103，105，107小節］トリルの後打音はわれわれがつけた。

ルドヴィク・ブロナルスキ博士
Dr. Ludwik Bronarski
ユゼフ・トゥルチヌスキ教授
Prof. Józef Turczyński

注解の翻訳は，ポーランド語版に準拠する方針で行い，ジェスク音楽文化振興会出版委員会がその監修にあたった。

訳出にあたっては，ポーランド語版の表現，内容を尊重しながら，英語版，ドイツ語版，フランス語版を随時参照した。ただし本文中の略号については，より一般的と思われる英語版の略号〔FE（フランス初版），GE（ドイツ初版）など〕を採用した。また，ポーランド音楽出版社 Polskie Wydawnictwo Muzyczne とショパン協会 Towarzystwo im. Fryderyka Chopina にご協力いただき，この版の基礎となっている自筆譜や初版などの資料もできる限り参照し，内容上正確を期した。

ジェスク音楽文化振興会出版委員会

委員　藤田　由之

　　　丹羽　正明

　　　野村　三郎

　　　高橋　淳

　　　田村　進（ABC順）

VIII　ポロネーズ　訳者　野村　三郎

パデレフスキ編ショパン全集 Ⅷ　ポロネーズ

定価3,190円（10％税込）

発行者―――中藤泰雄

発行所―――公益財団法人 ジェスク音楽文化振興会

　　　　　株式会社 アーツ出版

　　　　　〒150-0002　東京都渋谷区渋谷2-1-6

発売元―――株式会社 ヤマハミュージックエンタテインメントホールディングス

　　　　　ミュージックメディア部

　　　　　〒220-0012 神奈川県横浜市西区みなとみらい5-1-2

　　　　　横浜シンフォステージ ウエストタワー7F

印刷・製本――株式会社 トーオン

　　　　　15／2409

複写・複製・転載等厳禁